KB104845

말의

격

DAVOS KAIGI NI MIRU SEKAI NO TOP LEADER NO WAJUTSU by Hiroshi Tasaka

Copyright © 2014 by Hiroshi Tasaka

All rights reserved.

No part of this book may be used or reproduced in any manner
whatsoever without written permission except in the case of brief quotations
embodied in critical articles and reviews.

Originally published in Japan by TOYO KEIZAI INC.

Korean translation copyright© 2017 by Atempo, an imprint of MUNHAKDONGNE
Publishing Group.

Korean edition is published by arrangement with TOYO KEIZAI INC.

through BC Agency.

이 책의 한국어판 저작권은 BC에이전시를 통한 저작권자와의 독점 계약으로 (주)문학동네(아템포)
에 있습니다. 저작권법에 의해 한국 내에서 보호를 받는 저작물이므로 무단전재와 복제를 금합니다.

일러두기

이 책에 등장하는 인물들의 직함은 원서 출간 시점을 기준으로 했다.

말의 격

語格

신정원 옮김 · 다사카 히로시 지음

다보스포럼을 통해 본
글로벌 톱 리더들의 말하기

아템포

차 례

글로벌
톱 리더 2500명이
격전을 벌이는 바로 그곳,
다보스포럼

다보스포럼은
어떤 자리인가

글로벌 톱 리더 2500명이 모이는 '다보스포럼'.

이렇게만 표현하면, 다보스포럼이 무슨 자리인지 상상이 가지 않는 이들도 많을 것이다.

그러나 다음과 같이 다보스포럼의 정경을 묘사한다면 그것이 어떤 포럼인지 단박에 이해할 수 있을 것이다. 등장하는 인물의 직함은 해당 다보스포럼이 개최된 연도를 기준으로 소개한다.

2014년 1월에 열린 다보스포럼을 예로 들어보겠다.

어느 프라이빗 세션의, 패널 토론을 하기 위해 네 명이 등장한다.

왼쪽부터 토니 블레어, 빌 게이츠, 리처드 브랜슨, 무함마드 유누스.

그렇다. 영국에서 오랫동안 정권을 이끌었던 전 총리, 토니 블레어. 마이크로소프트 회장이었으며 현재는 세계 최대의 사회공헌재단인 빌&멀린다 게이츠 재단의 회장인 빌 게이츠. 버진 그룹 회장 리처드 브랜슨. 노벨평화상 수상자이자 그라민 은행 설립자인 무함마드 유누스.

이 같은 멤버로 패널 토론을 구성하기란, 다보스포럼을 제외하고는 전 세계 어디에서도 불가능할 것이다. 게다가 다른 사람도 아닌 토니 블레어가 패널 토론의 코디네이터를 맡다니, 꿈도 못 꿀 일이다…….

그리고 다보스포럼의 백미는 뭐니 뭐니 해도 역시 플러너리 세션(총회)에서의 기조연설이다.

이 자리에 설 수 있는 사람은 기본적으로 G8과 같은 주요 국가의 대통령 아니면 총리로 국한된다.

2011년 다보스포럼을 예로 들자면, 어제는 러시아 대통령 드미트리 메드베데프와 프랑스 대통령 니콜라 사르코지가 연설을, 그리고 오늘은 영국 총리 데이비드 캐머런과 독일 총리 앙겔라 메르켈이 연설을 하는 식이다. UN 총회에서도 볼 수 없는 호화로운 연설이 경쟁적으로 펼쳐진다.

세션이 끝나고 행사장 바깥으로 나서면 휴게 라운지가 있다.

몇 년 전에 라운지에서 본 풍경을 옮겨볼까 한다. 주위를 둘러보니 옆에 있는 의자에 앉아 부인과 다정하게 이야기를 나누는 신사는 노벨평화상 수상자인 무함마드 엘바라데이. 국제원자력기구IAEA 사무총장이다. 엘바라데이의 맞은편에 있는 드링

크 카운터 앞에서는 아마존 CEO 제프 베조스가 이야기를 하고 있다. 몸집은 작아도 눈빛이 날카로운 인물이다. 그러고 보니 아침에는 호텔 로비에서 구글 CEO 에릭 슈밋을 보았다. 금발 여성과 대화를 나누고 있었는데, 아마 언론에서 취재차 나온 인터뷰어였을 것이다. 그렇게 기억을 더듬고 있는 내 눈앞을 프랑스 재무장관 크리스틴 라가르드가 지금 막 지나쳐 간다. 한때 싱크로나이즈드 수영 선수였다는데, 그에 걸맞은 늘씬한 체형과 시원시원한 걸음걸이의 소유자다. 다보스포럼 행사장에서도 한층 더 눈에 띈다.

시간은 흘러 점심시간이 찾아왔다.

2014년의 일이다. VIP들이 모이는 프라이빗 런치에 참석하니 이번에는 노벨평화상 수상자이자 미국 전 부통령인 앨 고어가 옆 테이블에 앉아 있다. 옆에 있는 이는 세계적 투자가인 조지 소로스 같다. 심지어 그 옆에는 그라민 은행 설립자 무함마드 유누스와 컬럼비아 대학 교수인 조지프 스티글리츠가 앉아 있다. 이 두 사람도 노벨상을 받은 인물들이다. 주위를 둘러보니 소프트 파워를 제창한 것으로 잘 알려진 하버드 대학 교수 조지프 나이와 UN 밀레니엄 프로젝트의 디렉터인 컬럼비아 대학 교수 제프리 색스도 있다……

그러나 이 자리에서 주고받는 대화는 모두 오프 더 레

코드로 진행된다. 그러므로 그들은 거리낌없이 자유롭게 각자의 의견을 내놓는다. 글로벌 톱 리더의 속말을 듣기에 더없이 안성맞춤인 자리다. 이 또한 다보스포럼 프라이빗 회합의 매력이다.

음악가와 영화감독, 종교인까지 참석하는 자리

그리고 밤이 되면 프라이빗 파티가 열린다.

2012년, 빌 게이츠가 주최하는 파티에 참석한 적이 있는데, 전 세계 미디어에 등장하는 인물들이 곳곳에 있었다.

파티에 모인 사람들을 둘러보니, 안쪽에 놓인 소파에서 빌 게이츠가 누군가와 논의중이다. 자세히는 모르겠으나 정책에 대해 진지하게 논하는 표정이다. 그리고 이 자리에도 토니 블레어가 와 있다. 싱글벙글 웃으며 이야기하는 상대는 UN 사무총장 반기문 같다. 뒤를 돌아보자 호리호리한 남성이 눈부시게 아름다운 여성들에게 둘러싸여 있다. 슈퍼 록스타 믹 재거가 아닌가……. 일흔을 앞두고 있건만 웃음 가득한 얼굴에서 풍기는 매력은 전성기와 비교하여 조금도 달라지지 않았다. 사인을 받기에 적합한 곳은 아니지만 적어도 악수는 하자는 생각이 든다……. 몇 년 전에는 U2의 보노와 영화감독 제임스 캐머런도 다보스포럼에 왔었다.

이런 식으로 다보스포럼의 정경을 묘사하면 이 포럼이 어떤 자리인지 이해할 수 있을 것이다. '아무데나 돌을 던져도 세계적인 저명인사를 맞힐 수 있다'라고 표현해도 좋을 자리다.

국제 네트워킹이
가장 효율적으로 이루어지는 곳

매년 1월, 스위스에 위치한 국제적 리조트 타운인 다보스에 정계와 재계, 관계, 학계, 시민단체, 문화인, 종교인 등 글로벌 톱 리더 2500명이 모여서 다양한 주제로 회의를 연다. 이것이 바로 '다보스포럼'으로, '세계경제포럼World Economic Forum'이 주최한다. 세계경제포럼은 1971년에 설립되었으며 스위스 제네바에 본부를 두고 있는 NPO다.

그렇다면 다보스포럼에 글로벌 톱 리더가 모이는 이유는 무엇일까?

다보스포럼이 열리는 닷새라는 짧은 시간 동안 갖가

지 '톱 회합'을 꾸릴 수 있기 때문이다. 이 다보스포럼의 공식 프로그램에 실린 오피셜 세션은 250회를 웃돈다. 그러나 오피셜 세션 외에, 프로그램에 실려 있지 않은 프라이빗 세션과 프라이빗 미팅은 1000회가 넘는다고 알려져 있다.

그리고 프라이빗 미팅에서는 정부 수뇌끼리의 개별 회담을 비롯해 세계적 기업의 CEO들이 갖는 상담商談, 세계적인 미디어의 톱 리더 인터뷰 등 여러 종류의 회합이 집중적으로 열린다.

해외 출장을 통해 방금 기술한 것과 같은 종류의 회합을 열고자 한다면, 전 세계를 몇 달 동안 여행해야 한다. 그 정도 수준의 일을 다보스에 머무는 며칠 동안 집중적으로 할 수 있는 것이다.

참고로 2014년 다보스포럼에 참석한 일본의 모 장관은 하루 동안 22건의 개별 회담을 잡았다고 한다.

글로벌 톱 리더들이 개최하는 엄격한 '품평회'

그렇다면, 앞서 말한 2500명의 톱 리더들은 다보스포럼에서 그저 '기조연설'과 '패널 토론'을 듣고, '회담' 아니면 '상담', '회합'만 갖는 데서 그칠까?

그렇지는 않다.

다보스포럼이라는 자리는, 어떤 의미에서는 '글로벌 톱 리더 품평회'이기도 하다.

이를테면 어느 세션에서 모 세계적 기업의 리더가 등장한다. 해당 기업은 경영자가 바뀐 지 얼마 안 됐으므로, 이 인물이 해당 기업의 신임 경영자로서 다보스포럼에 '데뷔'하는 순간이다.

규모가 작은 세션이라 하더라도, 행사장에는 100명 가까이 되는 청중이 모인다. 청중은 하나같이 글로벌 톱 리더다. 본국으로 돌아가면 수백 명을 상대로 연설을 하거나 미디어의 인터뷰를 받는 일이 일상다반사인 이들이다.

이렇듯 지극히 수준 높은 청중 앞에서, 이 신임 CEO는 패널 토론의 멤버 자격으로 발언할 기회를 얻는다.

청중 자격으로 참석한 톱 리더들은, 패널 토론을 보고 들으며 해당 CEO에 대해 '평가'를 하곤 한다.

'평가' 당하는
세계적 기업의 수장들

2014년도 다보스포럼에서는, 세계적 기업인 3M의 CEO가 모 세션의 패널 토론에 등장했다.

세션 테마는 '혁신innovation'.

가장 혁신적인 기업 중 하나로서 세계적인 평가를 받는 3M
의 CEO가, 바로 그 혁신에 대해 어떤 사상을 말하고, 어떤 전략
을 논하며, 어떤 조직론을 입에 담을 것인가.

청중은, 경영자의 그러한 역량을 평가하는 듯한 눈길로 이
세션에 참가한다.

3M CEO 잉게 툴린이 입을 연다.

"혁신 관리innovation management에서는 두 가지가 중요합니다.
왼쪽 눈에 망원경을, 오른쪽 눈에 현미경을 갖다 대고 사물을
관찰하는 것이죠."

"그러나 우리 경영자들은 역시 망원경을 통해 사물을 바라보
는 용기를 가져야 합니다."

'무엇을 말하고자 하는지 수긍이 간다', '과연 3M의 CEO답
다', '이야기 자체도 나름대로 설득력 있게 풀어내고 있으나, 발
화하는 분위기에서 전해지는 것은 강한 신념과 결단력이다', '이
회사의 미래는 한층 더 흥미로울지도 모른다' 등등……

이런 식으로 청중은 글로벌 톱 리더의 '가치'를 매긴다.

그리고 가치를 평가하는 이 자리는, 사실은 무서운 세계다.

평가 내용이 '주가'에도 영향을 미치기 때문이다.

거듭 말하지만, 이 청중 또한 단순한 청중이 아니다.

너 나 할 것 없이 글로벌 톱 리더로서의 역량과 영향력을 가진 사람들이다.

당연하게도 그중에는 세계적인 영향력을 지닌 조지 소로스 같은 투자가가 있는가 하면, 기업 분석 또는 산업 분석에 정통한 애널리스트나 이름 높은 이코노미스트도 있다.

그러므로, 이러한 세션에 발을 내딛는 행위는 어떤 의미에서는 '양날의 칼'이다.

패널 토론에서 한 발언이 높은 평가를 얻으면, 해당 경영자 개인에 대해 호평이 내려질 뿐 아니라 기업에 대한 평가와 주가에도 긍정적인 영향을 미친다. 그러나, 만일 그 발언을 통해 평가를 떨어뜨린다면……

그것이 얼마나 무서운 일인지는, 굳이 말로 표현하지 않아도 충분할 것이다.

하물며 기업의 리더가 아니라 국가의 리더라면 그 의미는 한층 더 크다.

'개혁 단행'을 선언한
아베 총리

2014년도 다보스포럼의 오프닝 기조연설에서, 일본의 아베 총리는 '아베노믹스'를 이야기했다.

'아베노믹스'의 기둥은 '성장 전략'이라는 것, 그리고 그 '성장 전략'의 성공 열쇠는 '규제 개혁'이라는 것을 숙지하고 있지 않은 청중은 아무도 없다.

아베 총리는 그러한 청중 앞에서 영어로 이야기했다.

그리고 다양한 개혁 테마를 이야기함으로써 단일한 메시지에 힘을 실어 던졌다.

"저는, 개혁을 단행할 것입니다!"

글로벌 톱 리더들은 이 메시지를 어떻게 받아들였을까?

그리고 아베 총리는 기조연설을 마친 뒤 세계경제포럼의 클라우스 슈와브 회장과 대화를 나누며, 야스쿠니 신사 참배에 대해서도 그의 신조와 심정을 진지하게 이야기했다.

전 세계의 미디어들은 이를 어떻게 받아들였을까?

다보스포럼이란 글로벌 톱 리더 2500명 앞에서 국가

의 리더가 '리더'로서의 가치와 품질에 대한 평가를 당하는 '품평회'이기도 하다.

그러한 까닭에 다보스포럼에서의 연설이 어떠한 인상을 주느냐로 승부가 갈린다.

그렇다면 어떻게 대처해야 할까?

이 책에서는 그에 관하여 이야기하고자 한다.

제1화
글로벌 톱 리더 2500명이
격전을 벌이는 바로 그곳.
다보스포럼

제2화

프로의 세계에서는
입을 열기도 전에
승부가 결정된다
—'언어를 초월한 메시지' 전쟁

청중이 보고 있는 것은
'인물'이다

다보스포럼은 곧 국가 리더 품평회다.

그리고 다보스포럼은 글로벌 톱 리더들이 서로를 품평하는 자리다.

이렇게 설명하면 대부분의 독자들은 '그래? 그럼 그런 중요한 자리에서는 발언 내용을 제대로 준비해야겠네……'라고 생각할지도 모른다.

그러나 사실 문제는 '발언 내용'이 아니다.

다보스포럼 정도 되는 자리에 참여하는 톱 리더라면, 그 나름대로 들을 만한 내용의 발언을 하는 것이 어떤 의미에서는 당연한 소리다. 그렇기 때문에 자국에서 톱 리더의 자리에 올라 직무를 다하고 있는 것 아니겠는가.

그리고 글로벌 톱 리더는 뛰어난 스피치 라이터를 고용할 수도 있다. 따라서 잘 짜인 연설 원고를 준비하는 일도 결코 어렵지 않다. 아울러 청중을 의식한 메시지 전략 또한 충분히 검토한다.

그렇다면, 무엇이 문제인가?

단적으로 말해보겠다.

다보스포럼에서 어떤 톱 리더가 연설을 할 때, 그리고 발언을 할 때, 청중이 보고 있는 것은 사실 그 '연설 내용'과 '발언 내용'이 아니다.

청중은 연설 또는 발언을 하는 톱 리더라는 '인물'을 본다.

그 톱 리더가 '어떤 인물인지'를 여러 각도에서 본다.

리더로서의 신념은 있는가. 각오는 되어 있는가. 결단력은 있는가. 설득력 면에서는 어떠한가. 사상을 지니고 있는가. 비전은 명확한가. 결의와 사명감을 품고 있는가. 한 사람의 인간으로서 인격과 인간성은 어떤가.

청중은 이와 같은 사항들을 본다.

애당초 연설 내용 또는 발언 내용만 놓고 보자면, 나중에 연설 기록이나 발언 기록을 읽으면 그만이다. 신문을 비롯한 미디어들도 해당 톱 리더의 발언 등에 대해 다양하게 보도한다. 그런 것들을 보면 된다.

전 세계의 수많은 톱 리더들이 다보스포럼에 모여 서로 평가를 하는 건 오로지 '실제로 그 인물을 보는 행위', '실제로 그 인물의 이야기를 듣는 행위'로만 알 수 있는 무언가가 존재하기 때문이다.

그것은, 예를 들자면 '신념', '각오', '결단력', '설득력',

'사상', '비전', '결의', '사명감', '인격', '인간성' 같은 것들이다.

다시 말해 다보스포럼에서 글로벌 톱 리더들이기도 한 청중이 보는 것은 '무엇을 말하는가'가 아니다. 그들은 바로 '누가 말하는가'를 보고 있다.

누가 말하는지를, 까다로운 시선으로 바라보는 것이다.

'언어에 의한 메시지'는
20퍼센트

위에서 말했듯이 까다로운 시선을 지닌 청중을 앞에 두고 단상에 서는 국가의 리더 또는 기업의 수장은 어떻게 대처해야 할까?

이를 위해서는 한 가지 사실, 즉

연설 또는 발언을 할 때는
'언어를 통한 메시지' 이상으로
'언어를 초월한 메시지'가, 청중에게 전달된다.

라는 점을 깊이 이해해야 한다.

그리고 언어를 초월한 메시지의 '무서움'을 아는 자가 일류 프로페셔널이자 세계를 이끄는 톱 리더일 것이다.

그러므로 만일 글로벌 톱 리더들이 '최고의 화술'을 지니고 있다면, 그것은 '언어로 메시지를 전달하는 기술' 이상의, '언어를 초월한 메시지를 전달하는 기술'이다.

본디 심리학에서 인간끼리 행하는 커뮤니케이션에서 '언어적 메시지'로 전달되는 것은 '1할 이하(7%)'라고 하는 연구 결과가 보고된 바 있으나, 내 경험에 따르자면 프로페셔널의 연설이나 토론 등에서 '언어'가 차지하는 비중은 조금 더 높아서, '언어에 의한 메시지'로서 전달되는 것이 '2할', '언어를 초월한 메시지'로서 전달되는 것이 '8할'인 것 같다.

다시 말해 연설이나 토론에서 '자세', '표정', '시선', '동작', '몸짓', '목소리의 질', '리듬', '간격', '여운' 등과 같이 '언어를 초월한 메시지'에 의해 전달되는 것이 상당한 비중을 차지하는 것이다.

그렇다면, '언어를 초월한 메시지'로 전달되는 것은 무엇일까?

앞서 언급한 신념, 각오, 결단력, 설득력, 사상, 비전, 결의, 사명감, 인격, 인간성 등을 아우르는, '인물'로서 갖는 자질과 역량이다.

그리고 다보스포럼 같은 자리에서는, 사실 글로벌 톱 리더들은 의식적으로든 무의식적으로든 '인물'이 전달하는 것을 주시한다.

'언어를 초월한 메시지' 전쟁

글로벌 톱 리더나 국가의 수장들은 어떻게 이 '언어를 초월한 메시지'를 청중에게 전달하는가?

이 책에서 다루고자 하는 내용이 바로 그것이다.

그러한 까닭에 이 책은 '말하는 방법'을 전하고자 하지 않는다.

물론 '말하는 방법', '말하는 역량'도 중요하다.

그러나 그것은 '화술'이라는 심오한 세계에서 보자면 '입구'일 따름이다.

입구 너머에는 '언어를 초월한 메시지 전달 방식'이라는 깊은 세계가 펼쳐져 있다.

사실 글로벌 톱 리더들은 다보스포럼에서 연설이나 발언을 하면서, 그 '언어를 초월한 세계'에서 전투를 벌인다.

그 세계를 모르고서는 톱 리더들의 이야기나 연설을 제아무리 귀기울여 듣는다 한들, 거기에서 배우고자 한들 한계가 있다.

그러나 이 '언어를 초월한 메시지'라는 세계를 깨치고 깊은 배움을 얻는다면, 국가의 리더뿐만 아니라 기업의 리더, 나아가 직장의 리더라 하더라도 '화술'에 커다란 힘이 깃들 것이다.

이 책을, 그러한 세계로 이끄는 나침반이라 여기고 읽어준다면 감사하겠다.

만일 글로벌 톱 리더들이
'**최고의 화술**'을 지니고 있다면,
그것은 '**언어로 메시지를
전달하는 기술**' 이상의,
'**언어를 초월한 메시지를
전달하는 기술**'이다.

제3화

'사회공헌가'
인격으로 단상에 서는
빌 게이츠

─이야기하는 테마에 맞추어 '인격'을 선택하다

'다른 인격'의
빌 게이츠

'지금 단상에 서 있는 빌 게이츠는, 예전의 그 빌 게이츠가 아니다…….'

최근 그가 다보스포럼에서 하는 연설을 보고 있자면 언제나 그런 생각이 든다.

그는 마이크로소프트를 이끌던 시절의 빌 게이츠가 아니다.

현재의 그는 세계 최대의 사회공헌재단인 빌&멀린다 게이츠 재단의 수장이며, 세계 최대의 기금을 자랑하는 '사회공헌가 philanthropist'다.

빌 게이츠의 연설을 들을 때마다 이러한 사실을 느낀다.

마이크로소프트를 이끌던 무렵의 빌 게이츠.

독점금지법을 둘러싸고 사법 당국과 마찰을 빚었던 시절의 빌 게이츠는 글자 그대로 '수완 좋은 경영자'였다.

텔레비전을 통해 보이는 경영자 빌 게이츠는 그야말로 '무슨 수를 써도 그의 적수가 되지는 못할' 것 같은 모습이었다.

'전 세계를 적으로 돌린다 해도 전부 이길 것이다!'

그와 같은 강고한 의지가 느껴지는 인물이었다.

그러나 '사회공헌가'로 거듭난 빌 게이츠는 완연히 다른 사람이다.

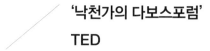

'낙천가의 다보스포럼'
TED

2009년에 열린 'TED 콘퍼런스'.

'낙천가의 다보스포럼'이라고도 불리며 'Technology, Entertainment, Design'이라는 기치를 내걸고 전 세계에서 선발된 청중 2000명이 모이는 국제 콘퍼런스가 바로 TED이다.

빌 게이츠는 TED 콘퍼런스에서 말라리아 퇴치를 주제로 한 연설을 했다.

먼저 작은 유리병을 꺼내 "이 안에는 말라리아모기가 들어 있습니다"라고 한 다음, 병뚜껑을 연다.

모기가 병 바깥으로 나온 것을 보며 동요하는 청중을 향해, 장난기 어린 말투로 "안심하세요. 이 모기는 말라리아균을 갖고 있지 않거든요"라고 설명한다.

사실 그는 말라리아모기를 격추하는 레이저 총 개발에도 투

자하고 있다. 표적이 되는 모기를 컴퓨터 화상처리로 식별하고 레이저 총으로 정확하게 쏘아 맞히는 시스템인데, 이듬해 TED 콘퍼런스에서는 이 시스템을 실제로 가동해보는 자리가 마련되었다.

이처럼 빌 게이츠는 청중을 즐겁게 해주면서 말라리아 퇴치의 의의를 열띠게 주장했다. 단상에 서서 이야기하는 그의 모습은 실로 '이 세계를 더 나은 곳으로 바꾸고 싶다'며 진심으로 바라는 한 사람의 사회공헌가다.

그러한 모습을 보여줄 때의 빌 게이츠는 마이크로소프트 CEO였을 무렵의 그와는 전혀 다른 사람임을 느낀다.

누구에게나 있는 '다른 인격'

그렇다면, 그는 완전히 달라진 것인가?

그렇지는 않다.

그의 내면에 있는 '다른 인격'이 표출된 것이다.

마이크로소프트의 CEO로서 내보인 '수완 좋은 경영자'의 인격이 아닌, '자애로 가득한 사회공헌가'의 인격이 드러난 것이리라.

그리고 그 '다른 인격'이 연설을 한다.

이렇게 쓰면 놀랄 독자가 있을지도 모르겠다.

그러나 사실 우리는 누구나 내면에 '복수의 인격'을 지니고 있다.

회사에서는 능력 있는 과장, 집에서는 아이를 몹시도 사랑하는 아버지, 본가에 가서는 어머니에게 어리광을 부리는 셋째 아들.

이를테면 그러한 형태로 우리는 저마다의 내면에 '복수의 인격'을 품고 있다.

문제는 다른 인격을 자각하고 있는가, 그리고 그 '복수의 인격'을 의식적으로 분리하여 사용하고 있는가 하는 것이다.

실제로 연설을 할 때는 이 '인격을 분리하여 사용하는 기술'이 지극히 중요하다.

연설에서 '연기한다'는 행위의 중요함이 언급될 때가 있다.

예를 들어 추도 연설을 할 때는 어떤 인물의 서거를 슬퍼하는 인간을 연기한다. 회사원을 대상으로 하는 연설일 때는 강한 리더를 연기한다.

그러나 일류 배우가 '연기하고 있다'라기보다도, '그 인물로 완전히 탈바꿈한' 상태일 수 있도록, 일류 화자는 그저 연기하는 것이 아니라 '그 인물의 인격'이 스스로의 내면에서 모습을 드러내도록 한다. 그리고 그 인물로 완전히 변신한다.

이를테면 미국 대통령이었던 로널드 레이건이 그렇다.

그는 우주왕복선 챌린저호의 폭발사고 후, 텔레비전을 통해 미국의 전 국민을 대상으로, 희생된 승무원에 대한 애도의 뜻을 표하는 연설을 했다.

그는 '자애로 가득찬 아버지' 같은 모습으로, 깊고도 조용하게, 국민에게 말했다.

"미래는 용기 있는 이들의 것입니다……. 챌린저호의 승무원들은 우리를 미래로 이끌었습니다……."

이 연설을 듣고 수많은 사람이 깊은 감동을 받았다. 나도 그중 한 사람이었다.

애당초 레이건 대통령은 배우 출신이다.

이 연설은 그가 '자애 넘치는 아버지'를 멋들어지게 연기한 것이라고도 할 수 있다.

그러나, 그렇지는 않다. 연설을 하는 순간, 그의 안에서 '자애 넘치는 아버지의 인격'이 나타났다. 그리고 그는 '자애 넘치는 아버지'로 완전히 변모했다.

내 생각은 그렇다.

강연 테마에 맞추어 고르는 '인격'

나부터도 직업 특성상 매년 다양한 테마로 강연을 한다.

직업적인 뒷이야기를 해보자면, 사실 나 또한 강연 전에 어느 '인격'으로 이야기할지를 고른다.

예를 들어『경영자가 전달해야 할 '언령言靈'이란 무엇인가』(졸저)에 대해 강연할 때는 '경영자 인격'으로 이야기한다.

『미래를 개척하는 그대들에게』(졸저)에 대해 말할 때는 '교육자 인격'으로 이야기한다.

『앞으로 어떤 일이 일어날 것인가』(졸저)는 '미래학자 인격'으로, 『우선, 전략 사고를 바꾸어라』(졸저)는 '전략참모 인격'으로, 『기획력』(졸저)은 '장인 인격'으로, 『복잡계의 지知』(졸저)는 '사상가 인격'으로 이야기한다.

그리고 시적 우화인『잊힌 예지』(졸저) 같은 책을 낭독할 때는 '시인 인격'으로 낭독한다.

'화술'을 써서 일하는 한 사람의 프로로서 굳이 내막을 이야기하자면, 사실이 그렇다.

그리고 '화술'이라는 것을 깊이 추구하다보면, 마지막에는 '어느 인격으로 이야기할까'라는 선택으로 귀결된다. 환언하자면 '다중인격 매니지먼트'가 된다.

'다중인격 매니지먼트'.

이렇게 쓰면 놀랄 독자들도 있을 것이다.

그러나 이는 '화술'의 세계에만 국한된 이야기는 아니다.

'경영'의 세계와 '리더십'의 세계에서도, 이 '다중인격 매니지먼트'는 지극히 중요한 과제다.

다중인격
매니지먼트

이를테면 뛰어난 경영자는 의식적으로든 무의식적으로든 내면에서 이 '다중인격 매니지먼트'를 가동하고 있다.

그렇기 때문에, 부하나 사원으로부터 종종 다음과 같이 평가

된다.

"우리 사장님은 평소에는 아버지처럼 온화하게 대해주시다가도, 경영 회의 같은 자리에서는 사람이 바뀐 것처럼 매서워진단 말이지……."

이는 어떤 의미에서 보자면 당연한 말이다.

경영자에게는 '온화하며 포용력 있는 인격'으로 사원들을 대해야 할 순간이 찾아온다. 한편 간부들에게는 '강력한 지도자로서의 인격'으로 대처하며 엄격한 경영 판단을 전달해야 할 때도 있다.

그러나 이를 표면적으로 보는 사원과 간부들은 때때로 '우리 사장님은 모순적이야', '우리 사장님은 이중인격자야' 같은 험담을 쏟아낸다.

언젠가 내가 젊은 시절에 훈도를 받던 경영자는 어느 대기업의 사장이었다. 회장이 되기 위한 길을 걷는 인물이었으나, 사적으로는 경건한 기독교인이었다. 기독교인의 인격으로 대해줄 때는 언제나 '이 정도로 겸허하고 온화한 사람은 없다'고 느꼈다. 그러나 일단 이 경영자와 경영 전략을 논의하기라도 하면 '이 사람만큼 굴강하면서 깐깐한 경영자는 없다'고 느낀 것 또한 사실이다.

'경영자의 그릇'이라는 표현이 종종 쓰이는데, 대부분의 사람들이 오해하고 있듯 '청탁병탄淸濁竝吞('물은 맑음과 탁함을 가리지 않는다'는 뜻으로, 선한 사람과 악한 사람 모두 가리지 않고 포용하는 '넓은 도량'을 가리킨다―옮긴이)' 같은 수준의 이야기가 아니다.

그것은, 한 사람의 경영자가 자기 자신의 내면에서 일견 모순된 '대극적인 인격'을 동시에 지니며 그것을 구별하여 사용할 줄 아는 역량을 뜻한다.

그런 의미에서 빌 게이츠 또한 '수완 좋은 경영자'라는 인격과 '자애로 가득한 사회공헌가'로서의 인격이 그의 내면에 공존할 것이며, 그는 각각의 인격을 구분하여 적절하게 사용하고 있을 것이다.

참고로 최근 다보스포럼에서는 빌 게이츠가 '수완 좋은 경영자'로서의 인격을 보여준 순간이 있다.

2012년도 다보스포럼에서 빌 게이츠를 포함해 몇 명이, 빌 게이츠가 개발중인 새로운 유형의 원자력발전시스템에 대해 논의했을 때다.

잘 알려져 있듯 그는 'TWR'이라 명명한, 안전성이 높은 소형 원자력발전을 새로이 개발하고 있다. 논의는 '발생하는 방사성 폐기물의 최종 처분을 어떻게 할 것인가'라는 주제로 옮겨갔다.

그는 해당 지적에 대해 "방사성 폐기물 발생량은 상당히 줄어든다"며 강한 어조로 반론을 제기했다. 빌 게이츠 스스로도 그것이 가장 해결하기 어려운 문제임을 알고 있었던 만큼, 강하게 말했을 것이다. 그리고 그 순간 빌 게이츠는 역시 옛날의 '수완 좋은 경영자' 분위기를 풍겼다. 그러나 몇 분이 지난 후 그가 자리를 떠나 다른 멤버들과 말라리아 퇴치를 화제로 이야기를 나누게 되자, 그는 이미 원래의 '사회공헌가' 모습으로 돌아와 있었다.

〈위대한 독재자〉의 연설

이와 같이 뛰어난 경영자와 리더는 의식적, 무의식적으로 '다중인격 매니지먼트'를 가동하고 있으나, 의식적으로 '다중인격'을 구분하여 사용한 연설의 예를 들어보라고 한다면, 영화 한 편이 떠오른다.

찰리 채플린의 〈위대한 독재자〉.

이 영화의 마지막 장면에서 채플린이 연설을 한다.

영화 속에서 채플린이 한 연설은 수많은 지식인이 역사상 가장 뛰어난 연설 중 하나로 평가하고 있으며, 그런 평가에 걸맞게 마지막 장면에서 채플린이 던지는 메시지는 깊은 감동을 불러일으키지만, 사실 이 연설이 감동을 주는 숨겨진 이유는 채플린이 '다중인격 매니지먼트'를 하고 있기 때문이다.

이 영화는 당시 유럽을 군사력으로 제패한 나치 독일과 아돌프 히틀러의 독재정치에 대한 강렬한 풍자와 비판을 담아 만들어졌는데, 마지막 장면에서 채플린은 독재자와 헛갈려서 단상에 오르게 된 '소심한 이발사'로서 일단 연설을 시작한다. 일개 시민의, 힘없고 서툰 연설이다. 그러나 그후, 그의 연설은 서서히 열기를 띠며 훌륭하리만치 조리 있고도 막힘없는 연설로 변화해간다. 이는 히틀러가 이끄는 나치 독일과 싸우는 사람들에게 힘찬 성원을 보내는 '강력한 정치 지도자'의 연설, 바로 그것이었다. 그러나 연설의 클라이맥스에 다다르자, 채플린은 '한 사람의 다정한 인물'로 돌아와서 자애로 가득한 메시지를 연인인 한나에게 보낸다. 그리고 전 세계의 사람들에게 보낸다…….

역사에 남을 채플린의 명연설은, 사실 의식적으로 '다중인격 전환'을 행하면서 풀어나간 이야기라는 점에 '화술'로서의 커다란 포인트가 있다.

만일 독자 여러분이 글로벌 톱 리더의 화술을 배우고자 한다면, 채플린의 연설에서도 깊이 배우는 바가 있을 것이다.

제4화

절묘한 임기응변으로
청중에게 이야기를 건네는
토니 블레어(전 영국 총리)
—청중의 '무언의 목소리'에 귀를 기울이다

토니 블레어의
'화술'의 비밀

"First of All!"(우선!)

그의 목소리가 울려퍼지는 순간, 이제 청중은 그가 들려주는 이야기에 매혹되고 만다.

때로는 행사장이 떠나가도록 청중을 웃게 만들고, 때로는 적확한 지적을 던져 청중의 고개를 끄덕이게 하고, 때로는 마음에 스며드는 말로 청중의 감동을 불러일으킨다.

토니 블레어.

영국의 전 총리. 뿌리깊은 국민적 인기에 힘입어 10년 장기 집권에 성공한 정치가.

어째서 그의 연설은 이렇게까지 청중의 마음을 사로잡을까?

뛰어난 임기응변이라는 측면에서는 천하일품이다. 이야기의 유려함이라는 측면에서도 타의 추종을 불허한다.

기조연설이든 패널 토론이든, 행사장에 모인 청중의 마음을 사로잡는 발언을 흠잡을 데 없이 던지는, 당대 으뜸가는 화자.

그렇다면, 토니 블레어가 연설을 통해 청중의 마음을 사로잡는 이유는 어디에 있을까?

그 비밀을 알기 위해 토니 블레어의 '말하는 법'이나 '단어 선택법'을 깊이 배워야 할까?

그렇지 않다.

그의 '말하는 방식'만 배워서는 토니 블레어식 '화술'의 비밀을 결코 이해하지 못한다.

그렇다면 그의 무엇을 배워야 할까?

사실 토니 블레어에게 배워야 할 것은 그 반대의 지점에서 찾을 수 있다.

'듣는 법'.

바로 이것을 그에게 배워야 하는 것이다.

다시 말해 '청중에 대해 무엇을 말할 것인가' 이전에, '청중으로부터 무엇을 들을 것인가'.

바로 그 기술을 배워야 하는 것이다.

이렇게 쓰면 곤혹스러워할 독자가 있을 것이다.

'청중으로부터 무엇을 들을 것인가'라고는 해도, 청중은 잠자코 화자의 이야기를 듣고 있으니 모종의 말이나 메시지를 던질 리가 없다는 것이 독자가 느낄 곤혹스러움의 내용이다.

그러나, 그렇지 않다.

'무언의 목소리'를
듣는 힘

연설이나 패널 토론이 있을 때 주의깊게 행사장을 보고 있자면, 청중은 '무언의 목소리', '무언의 메시지'를 내고 있다.

수많은 강연과 패널 토론을 경험하며 화자로서 수행을 쌓아 나가다 보면 어느 때인가부터 이 '무언의 목소리', '무언의 메시지'가 들린다.

그리고 그걸 들을 수 있게 되었을 때, 우리는 화자로서 진정한 프로의 세계에 발을 내디딜 수 있다.

다시 말해 '청중에게 무엇을 말할 것인가'를 부심하는 단계에 있는 화자는 아직 진정한 프로가 아니다. '청중의 무언의 목소리에 어떻게 귀기울일 것인가'를 생각하기 시작할 때, 우리는 참된 프로의 세계에 진입한다.

그리고 그 세계의 심오함을 깨달았을 때, 토니 블레어식 화술의 본질이 '말하는 법'이 아니라 '듣는 법'임을 알아챌 것이다.

요컨대 토니 블레어식 화술의 본질, 화자로서 그가 지닌 역량의 본질은 단적으로 말해 다음과 같다.

행사장에 모인 청중의 표정과 분위기를 섬세하게 관

찰하고 '무언의 목소리'에 귀를 기울이며 '무언의 메시지'를 읽어내서, 지금 어떤 표현이나 메시지가 청중의 흥미와 관심에 걸맞은지, 청중의 공감과 찬동을 얻을 수 있는지 순식간에 판단하는 역량.

그것이, 토니 블레어식 화술의 본질이다.

그렇다면, 어째서 토니 블레어는 그렇게 할 수 있는 것일까? 이 또한 단적으로 쓰고자 한다.

'섬세한 감수성'.

마음을 섬세하게 움직이며, 청중의 표정과 몸짓, 자리의 분위기에서 청중의 마음의 움직임을 느끼고 받아들이는 힘.
그러한 힘이 있기 때문에, 순식간에 그리고 적확하게, 그 자리에 있는 청중의 흥미와 관심에 맞도록, 청중의 공감과 찬동을 얻을 수 있는 메시지를 던질 수 있는 것이다.

몸짓으로 알아차리는
'섬세한 감수성'

그렇다면 왜 토니 블레어의 화술에서 '섬세한 감수성'을 느낄까?

연설이나 패널 토론이 절정일 때 그의 표정을 보면 이유를 알 수 있다.

특히 패널 토론에서는 토니 블레어 외의 패널이 발언할 때, 그의 표정과 행동이 내면의 마음의 움직임을 여실히 보여준다.

예를 들어 그를 누군가 한창 발언하는 와중에 청중의 반응을 섬세하게 관찰한다.

토니 블레어 본인이 발언할 때는 달변가다운 화법으로 유려하게 말하지만, 발언이 끝난 후 컵에 손을 뻗어 물을 마실 때, 그의 행동에서 느껴지는 것은 '신경질'이라고 불러도 좋을 법한 분위기다.

상대의 이야기를 들을 때 의자 팔걸이로 뻗은 손끝에서, 떨듯이 손가락을 움직이는 행동은 행사장의 분위기와 흐름 변화에 집중하여, 다음에 자신이 무슨 말을 해야 할지 생각할 때의 행동이다.

이처럼 블레어식 화술의 진수는 사실 유려한 전개 방

식 및 달변과 더불어 '섬세한 감수성'에 있으며 청중의 '무언의 목소리'에 귀를 기울이는 힘이다.

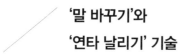

'말 바꾸기'와 '연타 날리기' 기술

그리고 이 '무언의 목소리'에 귀를 기울인다는 것은 화술의 프로로서 실력을 갈고닦을 때 기본이 되는 것이기도 하다.

이 기본을 익히면, 우선 '말 바꾸기'와 '연타 날리기' 기술을 터득할 수 있다.

먼저 '말 바꾸기'란 다음과 같은 기술이다.

청중에게 어떤 단어를 말한다. 그때 청중에게서 '무슨 말인지 모르겠다'라는 무언의 반응이 되돌아온다. 이는 청중의 표정을 보면 금세 알 수 있다. 그 순간, 그 단어를 이해하기 쉬운 말로 바꾼다.

이것이 '말 바꾸기' 기술이다.

이를테면,

"인생에서 중요한 건 '해후邂逅'죠."
"맞아요, '만남'이죠."

이러한 식으로 바꿔주는 기술이다.

그러면 '연타 날리기'는 어떤 기술일까?
청중에게 어떤 메시지를 말한다. 그때 '바로 그거지!'라는 강한 공감이 어린 분위기가 느껴진다. 그 순간 쉴 틈을 주지 않고 연타를 날리듯 해당 메시지를 되풀이한다.

예를 들면 다음과 같다.

"결국 인생이란 어떠한 해후를 맞이했는가,
어떠한 사람과 만남을 가졌는가, 그것이 전부입니다."
"맞아요, 해후, 만남, 인연, 그것이 전부죠."

이러한 '말 바꾸기', '연타 날리기' 등은 프로의 화술이라는 면에서는 초급 과정이라 불러도 좋을 기본적인 기술인데, 애당초 청중의 '무언의 목소리'에 귀를 기울이지 못한다면 이 기술을 터득하는 단계로 나아갈 수도 없다.

'간격'
컨트롤

그러나 이 '무언의 목소리'에 귀를 기울일 수 있는 화자는 청중과 '무언의 대화'를 나눌 수 있게 된다.

다시 말해 연설이란 화자가 청중에게 '일방통행 메시지 전달'을 하는 것이 아니다.

연설이란 사실 행사장에 모인 청중과 나누는 '무언의 대화' 그 자체다.

겉으로 보기에는 화자가 청중에게 일방적으로 이야기하는 것처럼 보인다.

그러나 실제로는 청중이 '무언의 목소리'를 내고, 화자는 그 목소리에 귀를 기울여 말을 고르고, 입 밖으로 꺼낸다.

실로 '무언의 대화'라 불러도 좋을 커뮤니케이션, 바로 그것이 연설이다.

한 가지 더 덧붙여보자면, 화술에는 '간격 두기', '이야기의 리듬' 등과 같은 기술이 있다. 이 기술을 통해 '무언의 대화'가 상징적으로 생겨난다.

예를 들면 어떤 메시지를 던진 후 잠시 '간격'을 둔다.

'간격 두기'는 화술에서 지극히 중요한 기술인데, 이 '간격'을 어느 정도 길이로 잡을 것인가는 그 자리에 모인 청중의 반응이나 분위기에 따라 정해진다.

그릇된 판단으로 '간격'을 너무 길게 잡았다가는 글자 그대로 '질질 끄는 이야기'가 되고 만다.

그러나 이 '간격'이 지나치게 짧으면 '호흡이 얕은 이야기'가 된다.

다만 여기서 말하는 간격의 길고 짧음은 고작해야 몇 초 차이의 시간 감각으로, 이 길이를 적절히 컨트롤할 수 있는 건 그야말로 프로의 단련된 신체 감각이라 불러도 좋을 고도의 기술이다.

'리듬'에 따른 동조

'이야기의 리듬'도 마찬가지이다.

화술의 오의奧義 중 하나는 청중 전체가 갖는 '자리의 리듬'을 '화자의 리듬'으로 끌어당기는 기술이며, 이를 영어로는 'entrainment'(동조)라 부르는데, 그 '자리의 리듬'보다도 '화자의 리듬'이 너무 빠를 경우 연설이 '서두른다'라는 인상을 주는

데 머물고 만다. 반대로 '자리의 리듬'보다도 '화자의 리듬'이 너무 느릴 경우 '지루하다'라는 인상으로 이어진다.

이 양극의 오류에 빠지지 않고서, 청중 전체가 갖는 '자리의 리듬'을 '화자의 리듬'에 동조시키는 것이 화술에 숨겨진 요체다.

덧붙여서 천재적인 수준의 '동조 기술'을 갖고 있었던 사람이, 예로 들기에는 꺼려지지만, 나치 독일을 이끌었던 아돌프 히틀러다.

그의 연설 영상을 보면 알 수 있는데, 연설 초반에는 실로 고요한 리듬으로 시작하다가 종반으로 치달으면서는 손짓 발짓 섞은 열광적인 리듬을 띠어간다.

이 천재적인 연설에, 때로는 그 자리에 모인 수십만 명의 청중이 동조되었다.

본론으로 돌아오자면,

연설이란, 화자가 청중에게 '메시지를 일방적으로 전달'하는 행위가 아니다.

연설이란, 화자와 청중이 나누는 '무언의 대화', 바로 그것이다.

따라서 화술이라는 것을 높은 수준으로 갈고닦고자 한다면,

화자에게 요구되는 자질은 이 '무언의 대화'를 나누는 힘이다.

그러한 까닭에, 화술이란 '청중에게 무엇을 말할 것인가'뿐만 아니라 '청중의 무언의 목소리를 통해 무엇을 들을 것인가'라는 기술임을 이해해야 한다.

토니 블레어의 화술에서 배워야 할 것은, 사실 여기에 있다.

제5화

단숨에
자리를 제압한
니콜라 사르코지(프랑스 대통령)

— '담력'으로 청중을 압도하다

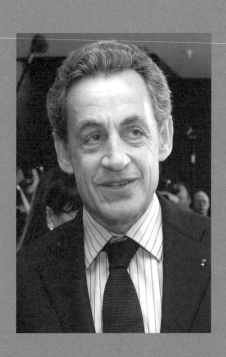

'사어死語'가
되어가는 말

'여기 있는 청중에게 이런 이야길 해도 될까?'
'사람들이 내 이야길 들으면서 속으로 상당한 반발심을 느끼고 있지는 않을까?'

그렇게 느낀 순간, 무슨 일이 일어났을까?
이번 챕터에서 말할 화자는, 화술에서 '궁극의 역량'이라 부를 만한 기술을 사용했다.
그리고 그 자리의 분위기를 제압했다.

'담력'.

이제는 '사어'가 되어가고 있는 말.
여기서 소개할 화자는 그 '담력'을 통해 다보스포럼을 제압한 리더다.

니콜라 사르코지. 프랑스 대통령.

그는 2010년도 다보스포럼의 플러너리 세션에서 기조연설을 했다.

그해 다보스포럼은 2008년의 리먼 쇼크를 계기로 세계 경제가 위기에 처한 가운데 열렸으며, 기조연설과 패널 토론에 임한 사람들 중 다수가 금융위기와 경제위기를 화제로 삼았다. 사르코지 또한 기조연설을 하며 경제위기에 대해 언급했으나, 다른 사람들과는 달리, 다음과 같이 말했다.

'전 세계의 금융업은 탐욕스럽다!'
'현재의 자본주의는 변혁을 겪어야만 한다!'

이 두 메시지는 어떤 의미에서 그야말로 정론 그 자체이며, 일반 사람들이 들었다면 무릎을 치며 동의했을 법한 메시지일 것이다.

그러나 여기 다보스포럼에 모인 청중의 반응은, 달랐다.

행사장에 있는 청중, 즉 글로벌 톱 리더들 대다수는 금융업에도 관련되어 있으며 현재의 자본주의가 존재하는 방식에도 책임이 있는 사람들이다.

당연한 말이겠으나 사르코지의 발언으로 행사장 분위기는 조금 싸늘해졌고, 냉랭한 공기가 지배했다. 그러한 까닭에 박수 소리도 드문드문 들렸다.

그러자 사르코지는 그 순간 뭐라 말했을까?

"이런, 박수가 적은데요!"

그는 박수가 적다는 사실에 꿈쩍도 안 하고 오히려 당당히 이렇게 말했다.

그랬더니 그 말에 청중은 기가 눌린 듯 행사장에서 박수가 솟구쳤다.

자리를 압도할 것인가, 압도당할 것인가

그는 이 순간 무엇을 한 것일까?

담력으로, 자리를 압도하며 맞선다.

바로 이것이다.

두 말할 나위도 없지만, 다보스포럼 플리너리 세션의 기조연설은 글로벌 톱 리더 2500명이 귀를 기울인다는 의미가 있으며, 사실 국가의 리더라 하더라도 상당한 압박을 느끼는 자리다.

따라서 이 자리를 단적으로 묘사하자면 '자리에 압도당하는가', '자리를 압도하는가'를 놓고 펼쳐지는 승부라고도 할 수 있다.

그리고 사르코지는 이때 자리를 압도했다. 자리의 분위기에 휩쓸리지 않고, '자리를 압도하며 맞선' 것이다.

'자리를 압도한다'는 것.

이는 톱 리더 차원의 화술에서는 지극히 중요한 역량이다.

아무리 훌륭한 내용의 연설 원고를 준비했어도, '자리에 압도당한' 상태로 읊어본들 그 메시지에는 박력도 설득력도 깃들지 않는다. 왜냐하면 메시지 내용이 전달되기 전에, 자리에 압도당해버린 화자의 '수동적인 마음 상태'가 청중에게 전달되기 때문이다. 아니, 단적으로 말해 화자의 '약한 마음'이 전달되고 말기 때문이다.

특히 다보스포럼에서 국가 리더가 연설할 경우, 그러한 '약한 마음'이 전해지는 일은 치명상을 입는 것과도 같다.

왜냐하면, 다보스포럼의 청중은 애당초 연설을 통해 해당 국가 리더의 '그릇'이 어떤지 재보려 하기 때문이다.

이 자리에서 '자리에 압도당하는' 상태에 빠진다는 것은 해당 국가 리더의 '지도자로서의 자격'에 커다란 물음표가 붙는다는 뜻이다.

그러한 의미에서, 조금 전 예로 든 장면에서 사르코지 대통령이 보여준 '자리를 압도하는' 역량은 연설 내용 이상으로 커다란 의미를 지닌다.

게다가 연설 내용은 리먼 쇼크에 따른 경제위기를 초래한 '세계의 자본주의'에 대한 비판이었으며, '탐욕스러운 금융업'에 대한 비판이었다. 그리고 행사장에 모인 청중 대다수는 자본주의를 지키고자 하는 본류本流에 있거나 금융업과 관계있는 사람들이다.

그 '냉랭한 반응'은, 당연하게도 사르코지 정도 되는 노련한 정치가에게는 예상했던 일일 것이다.

그리고 예상대로 '사람들의 박수가 적다'는 반응이 나타나자, 그는 조금도 동요하지 않고 "이런, 박수가 적은데요!"라 말하며 역으로 청중에 대해 도발적으로 말한 것이다.

청중이 보내는
'은밀한 도발'

사르코지가 연출한 이 장면에 대해 한 걸음 더 나아가 설명해보자면, 청중도 청중인 까닭에 나름대로 화자에 대해 '은밀한 도발'을 한다.

일본의 전통 예능 중 하나인 라쿠고落語의 세계에는 '무딘 칼날을 입에 물린다'라는 표현이 있는데, 무대에 오른 신참 라쿠고가落語家가 손님의 웃음을 끌어낼 요량으로 우스꽝스러운 이야기를 했을 때, 라쿠고를 잘 아는 손님들은 일부러 '웃지 않는' 태도를 보여줌으로써 신참 라쿠고가를 단련시키며 육성하기도 한다.

마찬가지로, 국제적인 포럼이나 회의 같은 자리에서 톱 레벨에 속하는 청중일 경우, 연설 내용이 재미없거나 화자에게 관심이 생겨나지 않을 때는 '박수를 치지 않거나' '자리에서 일어나 행사장을 나가는' 등의 반응으로 응수한다.

따라서 사르코지의 연설에서도,

화자가, 도발적인 메시지를 입에 담는다.
청중은, 적은 박수로 응수한다.
화자는, "박수가 적은데요!" 하며 한층 도발적으로 말한다.
청중, 무심코 박수를 친다.

라는 형태로, 모종의 진검승부가 은밀히 펼쳐진 것이다.

저렴해진
'기립박수'

참고로 제3화에서도 말했지만 나는 '낙천가의 다보스포럼'이라고도 불리는 TED 콘퍼런스에도 매년 참석하는데, 이 TED 콘퍼런스에서 스탠딩 오베이션standing ovation(기립박수)은 화자에게 박수 이상의 시금석 역할을 한다.

TED 콘퍼런스는 일본의 NHK에서 방영하는 프로그램인 〈슈퍼 프레젠테이션〉으로 일본에서도 유명해졌는데, 'Ideas worth spreading'이라는 표어에 걸맞게, 재미있는 생각이나 경험을 말하는 화자를 전 세계에서 선발하여 순서대로 단상에 오르게 한다.

세계적인 저명인사가 됐든, 무명의 젊은이가 됐든, '18분'이라는 동일한 제약 아래서 열과 성을 다해 프레젠테이션을 하게 되는 셈인데, 문제는 해당 프레젠테이션의 좋고 나쁨이 '박수'로 결정된다는 사실이다.

어떤 프레젠테이션이든 간에 세계적인 선발을 거쳐 선정된 것이므로, 재미있고 흥미로우며 감동적이라는 점은 전제로 깔려 있고, 모든 프레젠테이션에 대해 뜨거운 박수가 뒤따른다. 문제는, 그 '박수'가 '기립박수'로까지 고조되느냐 하는 것이다.

진실로 감동적이었던 프레젠테이션에 대해서는, 행사장에

모인 모든 사람이 일어서서 박수를 친다. 반대로 말하면, TED 콘퍼런스에서는 박수는 받았어도 기립박수는 받지 못한 프레젠테이션은 조금 허전하다는 인상을 준다.

다만 요즘은 TED 콘퍼런스에서도 기립박수가 '남발'된다는 느낌이 들어 유감스럽다. 몇 년 전에는 정말 좋다고 느낀 프레젠테이션이 아니라면 결코 자리에서 일어나지 않는 '청중의 자세'를 느낄 수 있었으나, 요즘은 조금만 감동적이어도 '일단 일어나볼까' 같은 예의상의 기립박수가 늘고 있다.

역시, 궁극적으로는 '청중의 자세'가 화자를 키운다.

그러한 의미에서 무딘 칼날을 입에 물리는 식의 문화는 국가를 불문하고 필요할지도 모른다.

조용한
'진검승부'

원래 이야기로 돌아와보자.

다보스포럼같이 글로벌 톱 리더들이 모이는 자리에서는, 청중과 화자 사이에 '지극히 높은 수준의, 조용한 진검승부'가 펼쳐진다. 그리고 이 진검승부에서 중요한 것이 이번 챕터에서 사르코지 대통령의 예를 들며 제시한 '담력'이다.

그러나 유감스럽게도 최근 일본의 정치가나 경영자들 중에는 이 '담력'을 느끼게 해주는 인물이 줄어들었다.

아니, 애당초 정치가나 경영자들 사이에서 이 '담력'이라는 표현이 '사어'가 되어가고 있다.

그렇기 때문에 우리는 더욱더, 경영자와 리더로서 '화술'을 익히고 닦을 때, 이 '담력'이라는 역량 면에서 스스로 어떠한지에 대해 진지하게 생각해봐야 할 것이다.

제6화

청중에게
악평을 받은
드미트리 메드베데프
(러시아 대통령)

— '포지셔닝'을 정확히 할 것

메드베데프의
'실패'

'그는 모처럼 찾아온 절호의 기회를 놓쳤다…….'

G8 국가들 중에서도 리더 격인 국가, 러시아. 마흔두 살이라는 젊은 나이에, 러시아 대통령이 되었다.

전 대통령이 밀어줬다고는 해도 러시아라는 대국의 당당한 대통령이다.

그런 그가 다보스포럼의 플리너리 세션이라는 최고의 무대에서 러시아를 대표하여 연설을 하게 되었다.

러시아 총리로서 참석한 적은 있으나 대통령으로서는 처음 오르는 자리.

그 자리에서 최고의 연설을 하면 글로벌 톱 리더들의 평가는 압도적으로 높아진다.

다만, 만일 실패한다면 평가는 끔찍해질 것이다.

그와 같은 절호의 무대에서, 러시아의 젊은 대통령 메드베데프는 실패했다.

어째서였을까?

'포지셔닝'.

이 전략에 실패했기 때문이다.

사실 글로벌 톱 리더의 화술에서 중요한 것 중 하나는 '포지셔닝'이다.

'포지셔닝'이란 어떠한 입장에서 말하고 있는가, 어떠한 시선으로 말하고 있는가에 관한 것이다.

이것이 '언어를 초월한 메시지'로서 청중에게 전달된다.

따라서 '포지셔닝'은 톱 리더의 연설에서 지극히 중요하다.

2011년에 열린 다보스포럼. 러시아의 메드베데프 대통령은 '포지셔닝' 전략에서 실패했다.

아니, 그의 연설은 애당초 길었다.

그것만으로도 다보스포럼에서는 청중의 평가가 낮아지는데, 그뿐만이 아니었다.

메드베데프는 연설을 하면서 '자국의 정책'을 구구절절 늘어 놓은 것이다.

게다가 청중이 '슬슬 끝나려나'라고 생각했을 무렵, '이제 본론으로 들어간다' 식의 분위기를 형성하고 자국의 정책에 대해 또다시 논하기 시작한 것이다.

그 순간, 수많은 청중이 하나둘씩 자리를 떴다.

이는 연설이 너무 길었기 때문이기도 하지만, 본질은 그게 아니다.

진정 매력적인 연설이라면, 청중은 다음 세션 참가를 미루면서까지 그 연설을 듣는다.

문제의 본질은 메드베데프가 '포지셔닝' 전략을 그르쳤다는 데 있다.

이게 무슨 뜻일까?

'일국의 리더'라는 입장에서 말하고 만 것이다.

그렇다면 '일국의 리더' 입장에서 말하는 것이 왜 문제가 되는 것일까?

다보스포럼의 이념은 'Committed to improving the state of the world', 즉 이 포럼은 '보다 나은 세계를 실현하는 길'을 논하는 자리다.

따라서 이 자리에서 국가 리더가 연설을 할 때는, '보다 나은 세계를 어떻게 실현할 것인가'라는 자세를 갖추는 것이 기본이다.

하물며 러시아같이 G8의 주요국이라면 '일국의 리더'로서가 아니라 '세계의 리더'로서 말해야 한다.

메드베데프는 그 점을 이해하지 못했다.

그는 다보스포럼에서 마치 '일국의 정책 대변인' 같은 포지셔닝으로 말하고 말았다.

실패한 원인은 거기에 있다.

'무엇을 말할 것인가'보다
중요한 것

애당초 다보스포럼에 모인 청중, 즉 글로벌 톱 리더 2500명은 국가 리더의 연설을 들을 때 단순한 '정책 나열'을 기대하지 않으며, 그럴 리도 없다.

그 정도는 신문을 통해서도 입수 가능한 정보인데다, 각국 정부의 공식 사이트 같은 곳에서도 상세한 정보를 얻을 수 있다.

청중이 주목하는 것은 '그 국가가 어떠한 정책을 추진하는가'가 아니다. '어떤 인물이 국가 리더로서 해당 정책을 추진하고자 하는가'이자 '국가 리더가 어떤 자세로 해당 정책을 추진하고자 하는가'이며, 더 나아가서는 '해당 국가 리더가 그러한 정책을 통해 세계를 어떤 방향으로 이끌고자 하는가'이다.

따라서 청중이 보고 있는 것은 궁극적으로 그 국가 리더가 '어떠한 인물인가'이고, 그 리더의 '포지셔닝'이며, 그 리더의 '비전'과 '결의'다.

메드베데프는, 그중 하나인 '포지셔닝'에서 잘못된 전략을 취했다.

푸틴 총리가 말하는 대로 따르는 '귀여운 남동생' 같은 존재 수준으로 여겨졌던 메드베데프에게, 이 무대는 그런 '국제적 이미지'를 뒤엎을 절호의 기회일 수 있었다.

그러나 기회와 위기는, 언제나 동전의 양면과 같은 형태로 눈앞에 나타난다.

유감스럽게도 메드베데프는 일생일대의 승부에서 졌다. 다른 말로는 표현하기가 힘들다.

단적으로 말하자면 그는 '포지셔닝' 전략에서 패배한 것이다.

전 세계 2500명의 톱 리더들이 모이는 자리인 다보스포럼에서, 그것도 대통령으로서 치르는 데뷔전에서, 러시아의 젊은 리더로서, 세계를 이끄는 리더 중 한 명으로서, 스스로의 모습을 청중에게 각인시킬 절호의 기회를 놓쳤다.

이 절호의 기회에 그가 '세계를 이끄는 리더'라는 포지셔닝으로 연설을 했다면, 수많은 청중의 관심과 공감을 얻었을 것이다. 그러나 그는 바로 그렇듯 중요한 자리에서 '일국의 리더'로서 말하고 만 것이다. 아니, '일국의 정책 대변인'으로서 말하고 만 것이다.

그것이, 메드베데프가 실패한 궁극적인 원인이었다.

다시 말해 '포지셔닝'이란,

'무엇을 말할 것인가'에 앞서 '어떠한 입장에서 말할 것인가'를 명확히 하는 것이다.

그는 그 '포지셔닝' 전략에서 명백히 오류를 범했다.

박근혜 대통령과 아베 총리 연설의 '명암'

이와 같이 국가의 리더에게 '포지셔닝' 전략은 지극히 중요하다.

그렇다면 그저 '포지셔닝을 높게 잡고' 연설하면 그만일까?

반드시 그렇지는 않다.

당연한 말이지만 '어떤 입장에서 말할 것인가'라는 문제는 본디 '청중이 그 화자에게 어떠한 입장에서 말할 것을 기대하는가'와의 관계로 결정된다.

그러한 의미에서 봤을 때 상징적이었던 것이, 2014년도 다보스포럼에서 한국의 박근혜 대통령(2017년 3월에 대통령직에서 파면되었다—옮긴이)과 일본의 아베 신조 총리가 했던 연설이었다.

박근혜 대통령의 연설은 기업가 정신을 고무하고 혁신을 촉진하며 정보기술과 각국 문화를 융합함으로써 '창조경제'를 실현하자는 것이었으며, 이 '창조경제'야말로 세계 경제의 지속적인 성장을 가능케 한다는 비전을 담은 것이었다.

일부 미디어가 '시를 낭독하는 것 같았다'라고 평했을 만큼 리듬이 살아 있는 훌륭한 영어로 진행된 박근혜 대통령의 연설은, 꽤나 공감 가능한 내용이었으며 특히 청중 가운데 젊은 세대가 있다면 공감을 크게 얻었을 법한 연설이었다.

그러나, 유감스럽게도, 글로벌 톱 리더들의 반응과 세계적인 미디어의 평가는 그저 그렇다는 식이었다.

그 이유는 무엇이었을까?

단적으로 말하자면 다보스포럼 참가자들이 박근혜 대통령에게 현재의 한국이라는 국가에 대해 '세계를 이끄는 리더'로서 연설해줄 것을 기대하지 않았기 때문이다.

국가 리더의 연설 '포지셔닝'이 어려운 이유가 여기에 있다.

그렇다면 아베 총리의 연설은 어떠했을까?

아베 총리의 연설에는 일본의 총리가 처음으로 다보스포럼 오프닝의 기조연설을 맡았다는 역사적 의의가 있었고 아베 총리 또한 박력 있는 영어로 연설했다. 그러나 내용 자체만 놓고 보자면 '국가 개혁'을 테마로 정책을 열거했을 뿐이라는 느낌이 들었으며 일부 미디어에서는 '이래서는 헤드라인을 쓸 수 없다', '이건 국가 정책 위시 리스트다' 같은 불평도 했다.

그러나 다보스포럼 참가자들은 이 연설에 대해 아주 높이 평가했다.

그 이유로는, 무엇보다도 국가 개혁에 임하는 아베 총리의 강한 결의가

"저는 기득권익의 암반을 깨부수는 드릴의 날이 될 것입니다!"

"그 어떤 기득권익도 저의 드릴 앞에서 무사할 수는 없습니다!"

등과 같은 인상적인 표현과 함께 행사장에 모인 청중에게 전달되었기 때문이며, 2014년에 열린 다보스포럼에서 글로벌 톱 리더들이 일본의 국가 리더에게 기대했던 것 또한 바로 그러한 지점이었기 때문이다.

즉 청중의 관심과 기대는

아베노믹스의 제3의 화살인 '성장 전략'을 궤도에 올릴 수 있는가

이것 하나였다.

그리고 아베 총리의 연설은 청중의 기대에 정확히 부응했고, 청중으로부터 '이 리더는 진심으로 개혁할 작정이다'라는 평가를 얻었다.

일본은 국가는 G8의 주요국이니, 일본의 리더 또한 '세계를 이끄는 리더'로서의 포지셔닝에 입각해 연설하는 것이 맞다.

그러나 20년 이상 이어져온 일본 경제의 불황 속에서, 세계의 시선은 '과연 이 국가는 필요한 개혁을 할 수 있는 국가인가, 아닌가'에 맞춰져 있다.

그러한 의미에서 아베 총리가 처음으로 무대에 오른 2014년도 다보스포럼에서는, '세계를 이끄는 리더'로서의 포지셔닝에 걸맞은 연설을 하기보다도, '일국의 리더'로서 '이 국가의 개혁을 단행한다!'라는 강한 자세를 내보인 것이 성공적인 결과를 불러왔다고 할 수 있겠다.

이는 연설이 끝난 후 참가자들이 입을 모아 "Strong!", "Powerful!"이라며 칭찬의 말을 던진 사실에서도 드러난다.

즉 2014년도 다보스포럼에서 있었던 아베 총리의 연설은, "Japan is Back!"이라는 그의 표현대로 일본이 국내 개혁을 실행하고 성장 전략을 궤도에 올리며 국제사회의 리더로서 부활할 것인가에 청중이 관심과 기대를 품게 되었으며, '이 리더라면 개혁을 실행하고 성장 전략을 궤도에 올릴 수도 있겠다'라는 기대감을 이끌어냈다는 의미에서 성공적이었다고 할 수 있다.

그러나, 두말하면 잔소리이겠으나, 만일 내년에 아베 총리가 다시 한번 다보스포럼의 플리너리 세션에서 연설을 한다면 청중은 그에게 '개혁을 실행했는가', '성장 전략이 궤도에 올랐는가'라며 실적을 물을 것이다.

그리고 그 실적을 제대로 열거했을 때, 청중은 비소로 '세계를 이끄는 리더'로서의 포지셔닝에 입각한 아베 총리의 연설을 기대할 것이다.

'무엇을 말할 것인가'에 앞서
'어떠한 입장에서 말할 것인가'를
명확히 하는 것이다.

'어떤 입장에서 말할 것인가'라는
문제는 본디
'청중이 그 화자에게
어떠한 입장에서 말할 것을
기대하는가'와의 관계로
결정된다.

제7화

선명하고도 강렬하게
데뷔전을 장식한
데이비드 캐머런(영국 총리)

— '청중과의 대화'로 승부하다

캐머런의
'의표를 찌르는 전략'

　　선명하고도 강렬하게 데뷔전을 장식한, 젊은 국가 리더.

　　데이비드 캐머런, 영국 총리 이야기다.

　　제6화에서는 2011년도 다보스포럼에서 메드베데프 러시아 대통령이 대통령으로서 데뷔전을 치르며 '포지셔닝 전략'에 실패한 사례를 언급했는데, 캐머런 총리는 메드베데프와 정반대로, 총리로서의 데뷔전을 근사한 퍼포먼스와 함께 치렀다.

　　이 또한 메드베데프와 마찬가지로 2011년도 다보스포럼에서였다. 2010년 5월 총선거에서 노동당에 승리하며 자유민주당과의 연립으로 정권을 획득한 보수당 당수, 데이비드 캐머런은 당시 44세였다.

　　그토록 젊은 국가 리더가 다보스포럼의 플리너리 세션에서, 처음으로 기조강연을 한다. 야당 당수로서 전년도 다보스포럼에도 참석했으며 패널 토론에도 오른 바 있지만 영국 총리로서하는 기조연설은 처음이었다.

　　당연한 말이겠으나 다보스포럼에 참석한 글로벌 톱 리더들은 그에게 주목한다.

캐머런 총리 입장에서 이러한 주목은 고스란히 압박으로 다가온다.

그는 어떤 식으로 데뷔전을 치를 것인가?

누구나 이와 같은 관심을 갖고 그가 할 기조연설에 주목했다.

그러나 캐머런 정권은 이제 막 시작되었을 따름이다. 실적은 없다. 경험을 쌓아온 인물의 중후함으로 승부할 나이도 아니다.

그렇다면, 어떻게 할 것인가?

그러나 글로벌 톱 리더들이 주목하는 바로 그 거대한 무대에서, 캐머런은 의표를 찌르는 전략으로 나왔다.

과연 그것은 무엇이었을까?

'행사장에서의 질의응답'으로 승부한다.

그는 위와 같은 전략을 택했다.

이는 통상 다보스포럼 기조연설에서 국가 리더가 취하지 않는 스타일이다.

일반적으로 국가 리더가 기조연설을 할 때는 먼저 연단 앞에 서서 연설을 한다.

그후 클라우스 슈와브 회장과 자리에 앉아 대화를 나누거나 행사장에 모인 청중과의 질의에 들어간다.

그러나 캐머런은 그러한 스타일을 택하지 않았다.

그는 원고도 읽지 않고 먼저 청중에게 열정적으로 말을 붙인 후, 무대 위에서 청중을 향해 질문을 해달라고 요청했다. 그리고 직접 청중을 지명하면서, 행사장에서 나오는 질문에 하나씩 하나씩 그 자리에서 즉시 대답해나갔다.

그리고 이 전략은 보기 좋게 성공했다.

캐머런의 퍼포먼스를 보며 많은 청중은

'캐머런은 젊은데도 노련하다'

'다양한 정책에 대해 충분히 공부했다'

'저렇게 젊은데도 보수당 에이스 자리에 오른 사람이니 역시 훌륭한 화술이다'

등과 같은 평가를 내렸고, 캐머런은 다보스포럼 데뷔전을 멋 들어지게 치렀다.

리스크 높은
'청중과의 대화'

이는 어떤 의미에서 '청중의 의표를 찌르는 전략'이기도 했다.

제7화
선명하고도 강렬하게
데뷔전을 장식한
데이비드 캐머런

캐머런이 기조연설자로 나설 때, 청중 대다수는 '캐머런은 어떤 연설을 할까' 기대한다. 청중이 이러한 기대를 하는 와중에, 캐머런은 '연설 내용'으로 청중의 평가를 얻기보다 오히려 '질의응답 스타일'로 청중의 평가를 얻는 전략으로 나왔다.

그리고 이 '청중의 의표를 찌르는 전략'을 채택함으로써, 청중을 자신의 손바닥 안에 두고 본인의 페이스에 맞춰 리드한 것이다.

그 전략이, 그에게 데뷔전에서의 성공을 가져다주었다.

그러면 캐머런은 어떻게 이 같은 전략을 채택할 수 있었을까?

여기에는 한 가지 배경이 깔려 있다.

그가 YGL의 멤버였기 때문이다.

YGL이란 Young Global Leaders의 줄임말로, 다보스포럼을 주최하는 세계경제포럼이 매년 선발하는 전 세계의 젊은 리더들을 가리킨다.

그가 아직 젊은 정치가였던 시절, YGL에 선발되어 다보스포럼이라는 자리에 청중으로 참가하며 수많은 국가 리더의 연설을 보아왔기 때문일 것이다.

캐머런의 '질의응답 스타일'이 전략으로서 성공한 이유는 무엇인가?

그것이 '가장 리스크가 큰 스타일'이기 때문이다.

'행사장 질의응답'이나 '청중과의 대화'는 어떤 의미에서는 국가 리더에게 가장 리스크가 크다.

왜냐하면 이 스타일은 '사전에 조율된 질문'을 준비하지 않고서 진검승부로 응할 경우 해당 국가 리더가 '정책 제반을 꿰뚫고 있는가', '순간적인 판단이 가능한가', '질문자를 존중하며 섬세하게 응답할 수 있는가' 등과 같은 능력이 청중에게 고스란히 전달되기 때문이다. 그리고 그 국가 리더가 정치가로서 지닌 '신념'이나 '각오', 나아가 '인격', '인간성'도 적나라하게 전달된다.

캐머런은 그 리스크를 잘 알면서도 일부러 이 질의응답 스타일을 택했다.

그렇기 때문에 더더욱, 청중으로부터 '두뇌 회전이 빠르다', '달변가다', '노련하다', '자신에 가득차 있다' 등과 같은 평가를 얻은 것이다.

잠언에 보면 "호랑이 굴에 들어가지 않으면 호랑이 새끼를 얻지 못한다"라는 말이 있는데, 캐머런 또한 이 리스크를 짊어졌기 때문에 비로소 청중의 평가를 얻었을 것이다.

기조연설보다도 어려운
'질의응답'

이것이 무엇을 의미하는지 조금 더 자세히 설명하기로 한다.

통상 다보스포럼의 플리너리 세션에서 기조연설을 할 경우, 연설 후에 세계경제포럼의 클라우스 슈와브 회장과 '대화'를 나누는 시간을 가지며, 여기서 '슈와브 회장의 질문에 대답한다', '행사장에서 나오는 질문에 대답한다', '행사장을 대표하는 질문자의 질문에 대답한다'라는 세 가지 방법이 채택된다.

그리고 지금 이야기했듯이 '행사장 질의응답' 시간에는 해당 국가 리더에게 '정책적인 지식의 넓이와 깊이', '순간적인 판단 능력', '임기응변에 뛰어난 화술'이 요구되므로, 청중이 깐깐하게 해당 리더의 가치와 품질을 평가하는 데 응답한다는 점에서는, 이 질의응답이 기조연설 이상으로 중요한 역할을 한다.

또한 기조연설을 할 때는 만전을 기해 준비한 연설 원고를 읽으며 어느 정도는 '인물을 연기하는 일'이 가능하다. 그러나 질의응답의 경우 '예상외의 질문', '즉각 응답하기가 곤란한 질문', '곤혹스러운 질문' 등이 튀어나올 수 있으며, 그러한 종류의 질문에 대응하는 방식에 따라, 특히 해당 국가 리더의 신념과 각오, 인격과 인간성이 상당히 솔직하게 드러난다.

그리고 다보스포럼에 참석하는 글로벌 톱 리더들은 그와 같은 신념과 각오, 인격과 인간성을 포함하는 '인물人物' 전체를 예리하게 살핀다.

따라서 다보스포럼에서의 연설 전략은, 그저 '기조연설을 할 때 어떠한 분위기로 어떻게 원고를 읽을 것인가'에 관한 것뿐만 아니라, '그후에 있을 질의응답에서, 어떠한 분위기로 어떻게 응답할 것인가'라는 문제까지 포함해서 고려해야 한다.

'뛰어난 화자'는 '뛰어난 연기자'

이러한 질의응답에 어떻게 대처해야 하는가?

본디 질의응답의 가장 뛰어난 면은 '예상외의 질문', '즉각 응답하기 곤란한 질문', '곤혹스러운 질문'에 대해 화자의 전인적 역량을 통해 응답한다는 데 있는데, 현실에서는 '질문자'를 사전에 지정한 후 '질문 내용'을 정해둘 수도 있다.

그리고 예상외의 질문에 대해 부적절하게 응답할 리스크를

피하려면 이러한 방법을 채택하는 것도 전략의 하나이고, 이 방법을 채택하는 국가 리더도 적지 않다.

애당초 캐머런이 보여주었던, 절묘한 임기응변에 따른 응답도 그 자리에서 나온 모든 질문이 '상정되지 않았던 질문'이었을지 여부가 의문이기는 하나, 캐머런의 뛰어난 부분은 설령 실제로 그랬다 하더라도 보는 사람으로 하여금 그걸 느끼지 못하도록 자연스러운 퍼포먼스로 대처해나갔다는 점일 것이다. 예를 들면 행사장에 있는 청중을 지명할 때의 동작을 보면 '미리 짠 각본 같다'라는 느낌이 아니라, 그야말로 '우발적'인 지명이라는 분위기와 리듬이 있었다. 또한 청중이 질문을 던지는 와중에, 컵에 담긴 물을 마실 때 전해지는 적당한 긴장감도 이 '우발성'을 느끼게 한다.

그러한 의미에서 보자면 '뛰어난 화자'는 역시 '뛰어난 연기자'여야 할 것이다.

참고로 다보스포럼의 통상 세션에서는 기조연설 방식은 채택되지 않으며 전부 패널 토론 방식으로 진행되기 때문에, 패널 토론 자리에서는 이 '질의응답에 대처하는 능력'이 상당히 높은 수준으로 요구된다.

특히 중요한 세션일수록 패널 토론을 조정하는 사회자는 「파이낸셜 타임스」의 마틴 울프, BBC의 닉 고잉을 비롯해 CNN,

CNBC 등 세계적인 미디어의 일류 편집자 아니면 캐스터가 맡기 때문에, 질문의 내용이나 방식도 예리하고 깔끔하다.

이와 같은 세션에서 토론 패널리스트를 맡는 일 또한, 글로벌 톱 리더들 사이에서 화술을 단련한다는 의미로는 훌륭한 수행의 장이 된다.

그렇다면 그후 캐머런은 어떠했을까?

2011년도 다보스포럼에서는 선명하고도 강렬한 데뷔전을 치렀지만, 사실 2014년도 다보스포럼에서 그가 했던 연설은 그다지 높은 평가를 얻지 못했다.

역시 정치가는 결과가 전부다.

현재 영국 내에서 이어지고 있는 정치적 난항이 캐머런의 연설에도 드러나 있었다.

그 지점이 '기대치'로 승부 가능한 데뷔전과, '실적'을 묻는 무대 사이의 결정적인 차이일 것이다.

제7화
선명하고도 강렬하게
데뷔전을 장식한
데이비드 캐머런

제8화

보디랭귀지에서 패한
블라디미르 푸틴(러시아 총리)
— '일거수일투족'도 메시지로 삼을 것

'전제군주'가 빠진
함정

'청중은 일거수일투족을 보고 있다…….'

그와 같은 사실을 통감하게 해준 것이, 2009년도 다보스포럼에서 푸틴이 연설했을 때였다.

당시 그는 러시아 총리였다. 동생 같은 느낌의 메드베데프에게 대통령 자리를 넘겨주었어도 러시아의 실질적인 국가 리더로 군림하고 있었다.

붕괴 직전의 러시아 경제를 바로 세운 리더이자, 국민들 사이에서 인기도 높았고, 국내 정치에서도 안정적인 정권의 총리로서 실력을 행사하는 상황.

이 정도만으로도 순풍에 몸을 실은 듯 다보스포럼의 단상에 서기에 충분하건만, 플리너리 세션에서 그가 단상에 올랐을 때 가벼운 실망을 금할 수 없었다.

어째서였을까?

푸틴의 걸음걸이에, 그가 마음속으로 느끼고 있는 듯한 긴장이 드러나 있었기 때문이다.

'쭈뼛거리는 걸음걸이' 같은 의미로 들렸을 수도 있겠으나,

사실은 그 반대다.

가슴을 펴고 당당하게 걷는, 아니 그렇게 걸으려고 하는 모습에서 일종의 '허세'를 느꼈기 때문이다.

그걸 본 순간, 그가 유도 검은띠라는 사실을 떠올리고는 유도인의 걸음걸이라서 그런가 하는 생각도 했으나, 역시 다르다.

그의 내면에 자리한 긴장이 도리어, 으스대는 모종의 '허세'로 전달된 것이다.

그리고 그러한 긴장과 허세는 모르긴 몰라도 다보스포럼의 청중 다수에게도 전해졌을 것이다.

그러면 왜 그는 다보스포럼에서 이와 같은 긴장과 허세를 내보였을까?

이는 러시아 국내에서의 연설과 다보스포럼에서의 연설이 갖는 결정적인 차이 때문이었을 것이다.

러시아 국내에서라면 국가 권력을 등에 업은 '전제군주'로서 연설할 수 있다.

또한, 상황이 그러한 까닭에 대부분의 청중도 그에게 비판적이지 않고, 그가 어떠한 인물인지 꿰뚫어 보려고도 하지 않는다.

그러나 다보스포럼의 청중은, 완전히 다르다.

여기 모인 청중은 그가 가진 국가 권력에 직접 영향을 받지 않는 사람들이며, 오히려 그를 당당히 비판할 수 있는 입장이자 그가 어떤 인물인지를 예리하게 간파하려는 사람들이다.

이 차이는 포럼 안의 공기에도 드러났다.

다보스포럼이라는 자리가 지닌 '압력'이 바로 이것이다.

그 '압력'과 벌인 무의식의 승부에서 푸틴은 패배했다.

단상의 푸틴을 보며 그렇게 느꼈다.

'포커 포즈'
전략

청중은 단상에 오르는 국가 리더의 일거수일투족을 본다.

더욱 정확히 말하자면, 청중이 의식적으로 주의깊게 보고 섬세하게 관찰한다기보다, 의식과 무의식의 경계에서 무언가를 느낀다. 날카롭게 감지한다.

이러한 다보스포럼 특유의 '압력'과 어떻게 싸워야 할까?

그와 같은 압력에 기가 눌려서도 안 된다. 허세를 떨어서도 안 된다.

압력과 싸울 때 궁극적으로 어려운 점이 바로 거기에 있다.

왜냐하면 그 일거수일투족에 마음의 상태와 마음의 움직임 전부가 드러나기 때문이다.

예리한 청중은 그걸 본다. 감지한다.

그렇다면, 어떻게 할 것인가?
'자연스러움'으로 대처한다.

이것이 궁극적이면서 최고의 방법이라는 사실은 다보스포럼의 단상에 오를 수 있는 사람이라면 누구나 안다.
그러나 '자연스럽게' 대처하는 일은 좀처럼 쉽지 않다.
그렇다면, 어떻게 할 것인가?

방법 중 하나로 '포커 포즈'가 있다.

포커 따위의 트럼프카드 게임에는 상대가 자신의 마음을 읽지 못하게 무표정을 연기하는 '포커페이스'라는 말이 있는데, 다보스포럼 같은 자리에는 마음을 읽지 못하도록 하기 위한, '포커 포즈'라고 부를 만한 스타일이 있다.
이를테면 빌 게이츠는 패널 토론 등에서 옆자리의 패널리스트를 좀처럼 보지 않는다. 또한 행사장을 둘러보지 않는다. 그저 초연한 자세로 앉아 살짝 미소만 지으며 행사장 정면을 바라보는 포즈를 취한다.
이를 빌 게이츠 식 '포커 포즈'라 불러도 좋을 것이다.

나만의 독특한 '포커 포즈'를 어떻게 정할 것인가?

그 또한, 실은 패널 토론 등에 임하는 '전략'이다.

어려운
'발과 손의 위치'

예를 들면 다리를 꼬고 앉을 것인가, 꼬지 않을 것인가.

이것만으로도 하나의 고민거리가 된다.

다리를 꼬고 앉는다면 어느 정도 꼴 것인가. 다리를 꼬고 앉을 때 각도가 지나치게 컸다가는 청중에게 거만하다는 인상을 줄 수도 있다. 게다가 허세를 부리는 것처럼 보일 수도 있다.

또한 한번 꼬았던 다리를 반대로 꼬아도 좋을 것인가. 다보스포럼의 패널 토론은 기본적으로 한 시간 정도 진행된다. 가능하면 자세를 바꾸지 않고서 토론을 끝내는 편이 좋다.

다리를 꼬고 앉지 않는다면, 바닥에 닿은 발과 발 사이를 얼마만큼 벌릴 것인가. 기본적으로는 어느 정도 다리를 벌리는 편이 좋다. 다리를 벌리지 않으면 자신 없어 보인다. 다보스포럼에서는 많이 보지 못했지만, 일반적인 국제회의 같은 자리에서 무대에 오른 일본인이 이따금 범하는 과오가 있으니, 무릎 위에 자료를 올려둘 목적에 무의식적으로 다리를 오므린다는 사실이다. 그런 이유로 일본인은 종종 자신이 없는 것처럼 보이고는 한다.

다음으로, 팔짱을 낄 것인가, 말 것인가.

이 역시 고민거리 중 하나다.

팔짱을 낄 경우 '양팔을 끼는' 자세는 때때로 '방어적인 자세'로 비친다. 또한 이 자세는 이따금 자신 없음에서 비롯되는 '허세 부리는 자세'로 비치기도 한다.

그러한 인상을 약화하려고 서구에서는 무대에 올라 팔짱을 낄 때 '한쪽 팔만 끼는' 자세를 취하는 사람들이 많다.

말하자면, 양팔로 팔짱을 낀 상태에서 한쪽 팔을 얼굴 옆에 가져다 대는 자세다.

이 자세라면 그다지 '방어적'으로 보이지 않는다. '허세를 부리는 것'으로도 보이지 않는다.

나아가 이 자세를 취한 상태에서 손가락 하나를 세우고 관자놀이에 댄 채 이야기를 듣는 스타일도 있다.

이러한 스타일은 잘 먹혀들면 '사색적'으로 보이지만, 일본인 중에서 이 스타일을 소화하는 사람을 만난 적은 거의 없다.

내가 1987년 미국에 있는 싱크탱크인 바텔 기념 연구소에 객원 연구원으로 있었을 때, 연구소의 상위 연구자들이 모이는 첫

회의 자리에서 맞닥뜨렸던 장면은 대부분의 연구자가 이 스타일을 취하고 있는 광경이었다.

서로의 아이디어와 콘셉트, 지적 창조성을 경합하며 격전을 벌이는, 이 세계 최고의 기술계 싱크탱크에서는 고작 한 번의 회의조차도 무시무시한 '지知의 격투기'이자 지극히 혹독한 '싸움의 장'이라는 사실을 깨달은 순간이었다.

요컨대 이 싱크탱크의 회의에서는 발언하기 전 '포즈' 단계에서부터 싸움이 시작되고 있었다.

'기껏해야 포즈 아닌가'라고 얕보아서는 안 된다. 그 '포즈' 하나가 때로는 '발언에 힘을 실어주는 순풍'을 일으키고, 때로는 '부주의한 마음의 움직임'을 전달한다.

수행을 거듭하던 젊은 나날, 포즈의 무서움을 가르쳐준 것이 바로 이 싱크탱크에서의 연구원 시절이었다.

'시선'과
'표정' 기술

하던 이야기로 돌아와보자.

그렇다면, 팔짱을 끼지 않을 때 손은 어디에 둬야 할까?

일본인이 종종 취하곤 하는, 손을 무릎 위에 가지런히 두고 깍지를 끼는 스타일은 일본에서라면 예의바르고 겸손한 자세로 평가받지만, 국제적인 자리에서는 반드시 그렇게 받아들여지지는 않는다.

다보스포럼에서는 무대에 오르는 많은 사람이 양손을 의자의 좌우 팔걸이에 얹는 스타일을 취한다. 그러나 두 가지 의미에서 이 자세를 유지하기는 어렵다.

이 자세는 생리적으로 약간 부자연스러운 자세라서 오래 유지하면 몸에 무리가 온다. 애당초 다보스포럼의 단상에 놓인 의자는 패널리스트가 나란히 앉을 때는 아름답게 보이지만, 청중의 눈을 의식하면서 오래 앉아 있기에 그다지 편한 의자는 아니다. 무대에 올랐던 다른 사람에게서도 그와 같은 의견을 들은 적이 있는데, 내 경험상으로도 그렇다.

다음으로 이 자세를 오래 취할 때는 태연자약한 마음의 자세를 유지하지 않으면 꼴사나워진다. 그러나 태연자약한 마음의 자세를 갖추기가 어렵다. 이를 몸에 배게 하려면 고요한 부동심을 가질 수 있도록 오랜 시간에 걸쳐 수련해야 한다.

이와 같이 '일거수일투족'이라는 표현 그대로, 다리의 위치와 손의 위치를 고려하기만 해도 여러 '비언어적 메시지 전략'이 존재하며 어느 하나 용이하지 않다.

그 외에도 패널 토론을 하는 와중에 행사장을 둘러볼 것인가, 아니면 어느 한 지점을 응시하는 스타일로 갈 것인가. 메모를 할 것인가, 말 것인가. 미소 띤 표정을 지으며 토론할 것인가, 조금 근엄한 표정으로 임할 것인가. 발언할 때의 몸짓, 손짓은 어떻게 할 것인가. 다른 발언자의 말에 고개를 끄덕일 것인가, 갸웃할 것인가 등이 있다.

포즈만 놓고 보아도 고민거리가 다양하다.

'일거수일투족'에 담기는 메시지

어찌되었든 다보스포럼같이 글로벌 톱 리더들이 모이는 자리라면, 청중은 무대에 오르는 사람의 일거수일투족을 본다. 그 사람이 어떻게 움직이는지 본다.

그리고 그 일거수일투족이 많은 메시지를 전달한다.

그 행동거지가 언어 이상의 메시지를 전달한다.

이 사실을 꼭 명심해야 할 것이다.

푸틴 정도 되는 강력한 국가 리더라 해도 걸음걸이, 자리에 앉는 방식, 앉음새 등 별것 아닌 '보디랭귀지'를 통해 그가 느끼고 있을 긴장과 그가 부리고 있는 허세를 청중에게 전달하고 만다.

그렇기 때문에 연설을 하며 경제위기를 초래한 미국을 강하게 비판하고, 행사장 질의응답 시간에 강도 높은 응답을 해도, 청중에겐 그것이 허세에서 비롯된 발언으로 받아들여진다.

다보스포럼에서 일거수일투족이나 행동거지가 전달하는 '언어를 초월한 메시지'의 무서움이 어떤 것인지 다시 한 번 느낀 순간이었다.

오바마의
'무언의 메시지 전략'

한편, 이 일거수일투족이나 행동거지가 전달하는 '언어를 초월한 메시지'의 무서움과 위력을 깊이 이해하고 있으며 또 근사하게 활용하는 국가 리더가 있다.

버락 오바마.

미국 대통령이다.

오바마의 연설이 얼마나 뛰어난지는 잘 알려져 있다.

그러나 동시에, 그는 행동거지를 통해 '언어를 초월한 메시지'를 던지는 방법도 얄미우리만치 잘 이해하고 있다.

언젠가 아주 가까운 거리에서 오바마의 연설을 보고 들으며 방금 이야기한 점을 느꼈던 순간이 있다.

2011년 5월에 개최되었던 '주요 8개국 정상회담'에서였다.

미국, 러시아, 영국, 프랑스, 독일, 이탈리아, 캐나다, 그리고 일본.

이는 8개국의 정상이 매년 모이는 자리로, 통칭 'G8 서미트'라 한다.

프랑스 도빌에서 2011년도 서미트가 개최되었을 당시, 내가 일본의 내각관방참여 자격으로 수행했을 때의 일이다.

서미트 당일, 토의가 진행되는 공간에 각국 정상이 차례로 들어왔다.

토의용으로 마련된 원탁 테이블에는 이미 그날 토의를 위한 자료가 놓여 있었다.

그해 서미트 주최국은 프랑스였고, 당시 프랑스 대통령이었던 사르코지는 속속 도착하는 각국 정상을 활짝 웃는 얼굴로 맞이했다.

독일의 메르켈 총리와 영국의 캐머런 총리도 도착했다.

이탈리아 총리 베를루스코니는 도착하자마자 이미 도착해

있던 각국 총리와 요란한 손짓발짓을 섞어가며 인사를 하고 대화를 나누었다.

이렇게 각국 정상이 서로 인사를 나누던 자리에, 오바마도 도착했다.

그러나 그는 사르코지와 대화를 주고받고 다른 몇 명과 인사를 나누고는, 그대로 원탁 테이블의 자기 자리 앞으로 가서 그 위에 놓여 있는 자료를 집어들고 휘리릭 넘겨보며 조용히 서 있었다.

그런 오바마의 모습을 봤을 때, 깨달았다.

'이것이 오바마식 무언의 메시지 전략인가……'

왜냐하면 그의 모습에는 '고요한 위엄'이 어려 있었기 때문이다.

그리고 그것이 바로 오바마의 메시지 전략이다.

입실한 후 원탁에 지정된 자기 자리 앞으로 가서 자료를 손에 들고 조용히 서 있기.

단지 그뿐이었지만, 그렇게 서 있음으로써 형성한 분위기는 직후에 시작될 G8 토의를 노린 은밀한 전초전이었을 것이다.

'고요한 위엄'을 몸에 걸치고서, 거기에 있다.

자기보다 연상이며 노련한 각국 정상과 어깨를 나란히 하기 위한, 젊은 오바마의 은밀한 메시지 전략이었을 것이다.

이 장면을 보면서 나는 마음속으로 한 장의 사진을 떠올렸다.

처음 대통령이 되었던 2009년의 대통령 취임식 때, 오바마가 선서 단상에 오르기 전 대기 장소에서 홀로 서 있는 모습을 촬영한 사진이다.

검은 코트를 입고 곧게 서서, 손을 가슴에 얹고, 눈을 감고, 기도하는 듯 가만히 서 있다.

그 사진에도 이미 '고요한 위엄'이 서려 있었다.

2014년 3월 오바마는 우크라이나 문제로 러시아의 푸틴 대통령과 서둘러 전화 회담을 했다.

당시 사진이 전 세계에 공개되었는데, 이 또한 오바마의 전략이었다.

사진 속에서 그는 '오벌 룸'이라고도 불리는 백악관 대통령 집무실의 책상 옆에 서서 전화기를 한 손에 들고 이야기를 하고 있다.

청바지에 격식을 갖추지 않은 셔츠 차림이었다.

팔을 걷어붙인 채 두 다리를 벌리고 등을 곧게 펴고 서 있는 모습을 통해 전 국민에게 '젊은데다 행동력과 결단력도 있는 리더'라는 이미지를 전달하려 한 사진이었다.

일거수일투족도, 행동거지도, 깊게 고려하여 메시지 전략으로 삼는다.

이는 어떤 의미에서 보자면 오바마의 '화술'일 것이다.

당시 전화 상대는 푸틴 대통령.
함께 세계를 이끌어가는, 국가 리더 두 사람이었다.

'포즈' 하나가 때로는
'발언에 힘을 실어주는 순풍'을
일으키고, 때로는
'부주의한 마음의 움직임'을
전달한다.

제9화

'사상적 리더'를
연기하는
원자바오(중국 총리)

—'역사'와 '사상'을 당당히 말하다

'본거지의 유리함'을 살린
전략

'역시 홈그라운드에서의 싸움은 강하다⋯⋯.'

이 사실을 다시 한번 느끼게 해준 것이 바로 원자바오 중국 총리의 연설이었다.

프로축구 시합에서도 홈에서 싸울 때와 어웨이에서 싸울 때 관객의 분위기는 180도 다르다. 관객의 분위기가 시합 자체에 커다란 '순풍'이 되기도 하고 '역풍'이 되기도 한다.

연설도 마찬가지다. 홈그라운드에서의 연설은 압도적으로 유리하다.

원자바오의 연설을 처음 들었던 건 2007년에 열린 '서머 다보스포럼'에서였다.

'서머 다보스포럼'이란 매년 1월 스위스 다보스에서 개최되는 다보스포럼과는 다르다. 매년 9월에 중국 다롄과 톈진에서 교대로 열리는 '뉴 챔피언 연차 총회'를 가리킨다. 여름철에 열리는 데서 통칭 '서머 다보스포럼'이라 불린다.

나는 원자바오의 연설을 '서머 다보스포럼'이 설립되던 그해에 처음 들었다. 원자바오는 오프닝을 장식하는 플리너리 세션의 기조연설에 등장했다.

그 순간, 행사장의 맨 앞줄에 앉아 있던 공산당 간부들을 비롯해 중국에서 온 참석자들이 전원 기립하고는 박수로 원자바오를 맞이했다. 해외에서 온 다른 참석자들도 기립하여 박수로 맞이했음은 물론이다.

이렇듯 가장 높은 수준의 경례에 가까운 형태로 환영을 받으며 무대에 오를 수 있는 이유는 그가 서머 다보스포럼을 주최하는 국가의 리더이기 때문인데, 역시 이와 같은 등장 방식은 그 후 이어지는 연설에 커다란 '순풍' 역할을 한다.

왜냐하면, 가장 높은 수준으로 경례하는 분위기가 연출됨으로써 청중은 화자에 대해 경의를 품게 되며, 그럼으로써 자연스럽게 위엄이 생겨나기 때문이다.

애당초 이러한 형태로 국가 리더가 무대에 오를 때, 화자에 대한 청중의 경의와 화자의 위엄을 연출하는 일은 공산주의 국가에서는 일상적으로 일어나지만, 방식에 대한 호오는 별개로 연설 전략으로서는 강력한 '순풍'을 일으키는 방법 중 하나다.

매년 11월에 아랍 에미리트 연방UAE의 두바이나 아부다비에서 개최되는 GACGlobal Agenda Council 회의에서 이와 똑같은 광경을 본 적이 있다. 여든 남짓한 전문 분야의 지식인들 1500여 명을 전 세계에서 초청하여 이듬해 다보스포럼의 어젠다를 논의

하는 회의로, 나도 이 GAC의 멤버로서 매년 초대받고 있다. 이 회의 또한 매년 UAE 정부가 주최하는 까닭에 오프닝에서는 국가 리더인 UAE 부통령 겸 총리가 등장하여 연설을 한다.

GAC 회의에서 부통령이 무대에 오를 때는 아랍 민족의상을 입은 UAE 정부의 간부들이 맨 앞줄에 앉아 있다가 기립하고, 참가자 전원 역시 기립과 박수, 최고 수준의 경례로 맞이한다.

'역사'와 '사상'을 이야기하는 스타일

다시 원자바오에 대한 이야기로 돌아가보자.

'순풍'을 맞으며 무대에 오른 원자바오의 연설은 어떠했을까?

사실 연설 자체는 기본적으로 중국의 제반 정책을 논하는 것이었으므로 그렇게까지 감동적이지는 않았다.

그러나 2007년 당시는 세계 전체가 '앞으로 세계 경제는 중국이 이끈다'라는 커다란 기대를 중국에 보내던 시기였고, 원자바오 또한 전 세계가 보내오는 기대에 부응하려는 중국의 자긍심과 '세계의 리더가 되겠다'라는 의욕이 느껴지는 연설을 했다.

다만 원자바오의 연설에는 한 가지 인상적인 장면이 있었다.

그가 행사장에서 나온 질문에 답하는 장면이었다.

행사장에서 "현재 중국은 다양한 개혁을 추진하고 있는데, 미래의 역사가 이 개혁을 어떻게 평가하리라고 생각하십니까?"라는 질문이 나왔을 때, 원자바오는 단상의 의자에 태연히 앉은 채 왼손 검지를 위쪽으로 향해 세우고는 다음과 같이 말했다.

"지금 우리가 하는 개혁에 대한 평가는,

3000년이라는 중국 역사,

그 역사 속에서 내려질 것입니다……."

이 순간, 정체를 알 수 없는 감각이 내 안에서 솟구쳤다.

그때까지 '홈그라운드'의 이점을 살려 청중으로부터 경의를 이끌어내고 스스로의 위엄을 연출한 원자바오의 모습에 다소 실망스러워하고 있었으나, 저 말에는 모종의 감명을 받았다.

그리고 이 원자바오라는 중화인민공화국의 총리가 어째서 13억 국민을 결속하는 국가 리더 자리에 오를 수 있었는지에 대한 이유 중 하나를 이해할 수 있었다.

그가 국가 리더에게 요구되는 모습 중 하나를 실로 멋지게 '연기'할 수 있는 정치가라는 사실을 깨달았기 때문이다.

역사를 이야기하고, 사상을 이야기하는 국가 리더.

원자바오는 그러한 국가 리더의 모습을 실로 근사하게 연기했다.

'눈물의 총리 원자바오'의
다른 표정

그건 사실 의외의 장면이기도 했다.

왜냐하면 원자바오라는 국가 리더에 대해, 전 세계의 미디어가 일반적으로 그의 '좋은 사람 됨됨이'를 높게 평가하는 경우가 많았기 때문이다.

그는 국민 다수에게서 '인민의 재상'이라 불리며 대중적 인기를 구가하는 정치가였다. 또한 재해 현장 등을 방문했을 때는 이재민이 처한 궁핍한 상황에 인정 넘치는 대응을 하여 '눈물의 총리'라고 불리기도 했다.

또한 서머 다보스포럼 참가자들 중에서는 원자바오를 가리켜 '위대한 정치가는 아니지만 우수하고 유능한 관리'라 평하는 이들도 있었다.

그러나 한 사람의 정치가로서의 모습, 국가 리더의 모습은 미디어의 평가와 다른 사람들의 평가를 곧이곧대로 받아들이기 전에 역시 직접 본인을 보고 판단해야 할 것이다.

그리고 그게 가능한 자리가 바로 다보스포럼이다.

서머 다보스포럼에서, 그리고 그 한순간, 원자바오의 모습을 통해 본 것은 '인민의 재상'도 '눈물의 총리'도, '우수하고 유능한 관리'도 아니었다.

역사를 이야기하고, 사상을 이야기하는, 13억 명의 국가 중국의 리더.

그 한순간 원자바오로부터, 그와 같은 리더로서의 긍지를 느꼈다.

애당초 '인민의 재상', '눈물의 총리', '우수하고 유능한 관리' 같은 모습도 원자바오가 지닌 모습 중 하나이자 인격 중 하나일 것이다.

다만 그 순간, 원자바오의 내면에는 '역사를 이야기하고 사상을 이야기하는 국가 리더'라는 또하나의 인격이 뚜렷하게 존재한다는 사실도 느꼈다.

그리고 그것은 어떤 의미에서 깊이 납득할 수 있는 일이기도 했다.

만일 원자바오가 '역사를 이야기하고 사상을 이야기하는 국가 리더'로서의 모습이나 인격을 지니고 있지 않다면 중국공산당 내의 격렬한 사상투쟁과 권력투쟁에서 살아남는 일도, 13억 명의 중국 국민을 결속하는 일도 불가능했을 것이다.

생각해보면 현재의 중화인민공화국이라는 국가 체제도, 현재의 중국공산당 지도부도, 3000년의 중국 역사에서 본다면은, 주, 진, 한, 수, 당, 송, 원, 명, 청으로 꾸준히 이어져온 국가 체제의 하나일 따름이며, 모두 길어야 수백 년 이어지다가 사라져간 국가 체제의 하나일 뿐이다.

그렇다면, 이 중국이라는 국가를 통치하기 위해서는 수천 년이라는 역사의 스케일 안에서 그들의 정치 체제를 냉정하게 바라보는 시선을 가져야 할 테고, 그래야만 13억 국민을 다스릴 수 있을 것이다.

'무거운 말'을
입에 담을 수 있는가

이 지점에서 독자들은 의문을 품을 수도 있겠다.

'한 국가 리더라면 역사나 사상을 이야기하는 건 당연하지 않은가?'

'원자바오도 그 당연한 일을 한 것뿐이지 않은가?'

분명 일본의 정치가 중에도 역사를 이야기하고 사상을 이야기하는 인물은 있다.
그러나 국가 리더가 역사나 사상을 이야기할 때 반드시 유념해야 할 점이 있다.

말에는, 무게가 있다.

바로 이 점이다.
즉 '말'에는 저마다 '무게'가 존재하며, 그 말을 당당히 입에 담고 청중의 마음에 박히도록 하려면 그에 상응하는 '체력'이 필요하다.
여기서 말하는 '체력'이란 단적으로 표현하자면 '인물의 중량감'이다.

이를테면 '투포환'이라는 경기에서 몸이 가벼우며 체력이 없는 선수가 무거운 포환을 던지려고 하는 장면을 상상해보자. 아무리 애써봤자 멀리 던질 수도 없고 본인이 포환의 무게에 짓눌려 제대로 던지지도 못한다.
마치 이 '투포환'처럼 '무거운 말'을, 담력도 배포도 갖추고 있지 않은 '중량감' 없는 인물이 무리하게 하다가는 청중의 마음에 그 말이 전달되지도 않거니와 말한 본인이 그 말의 무게에 눌리고 만다.

'사랑'이라는 말을 예로 들어보자.

이 말은 누구나 알고 있는 말이며, 누구나 쉽게 쓸 수 있는 말이다.
그러나 사실 이 말은 원래 '지극히 무거운 말'이다.
잘못 썼다가는 역으로 그 말을 입 밖에 낸 인물의 '가벼움'이 부각되고 만다.

달라이 라마가 지닌 '말의 힘'

'자비'라는 말도 그와 같다.

이를테면 달라이 라마 14세가 전 세계를 돌며 법화나 강연을 할 때 이 '자비'라는 말을 입에 담는다. 'Compassion'이라는 단어를 입에 올린다.

그리고 그것이 행사장에 모인 수천 명의 사람들 마음에 깊이 파고든다.

말이 허공에 붕 떠버리는 일은 절대 일어나지 않는다.

어째서일까?

그 말의 배경에 상상을 초월하는 혹독한 수행이 깔려 있기 때문이다.

수행을 통해 몸에 밴 '중량'이 존재하기 때문이다.

상냥하게 웃는 달라이 라마의 얼굴만 봐서는 결코 알 수 없을 테지만, 그는 젊은 시절부터 오늘날에 이르기까지 티베트 밀교의 엄격한 수행을 쌓아왔다.

그리고 그에게는 '망명'이라는 가혹한 인생이 닥쳤다.

달라이 라마가 꺼내는 '자비'라는 말에 '중량'과 '힘'이 실리는 이유다.

2009년 11월, 일본을 찾은 달라이 라마와 지식인 네 사람이 '대화'를 나누는 자리에 나도 그 지식인 중 한 사람으로서 초대를 받았다.

수천 명의 청중 앞에서 대화를 나눈 뒤, 마지막에 단상에서 상냥하게 웃는 달라이 라마와 손을 맞잡고 인사를 했다.

그때 달라이 라마의 온몸을 통해 내게 전달된 것은 언어를 초월한, 깊은 '애념愛念'이었다.

당시 느꼈던 신비로운 감각이 지금도 마음에 남아 있다.

솔직히 말하자면 그때까지 미디어를 통해 보고 느낀 달라이 라마는 '대중적인 인기를 모으는 종교인'이라는, 그리 긍정적이지만은 않은 이미지였다.

역시 세계의 톱 리더는 미디어를 통해 '아는' 것이 아니라 가까이에서 직접 '보아야' 하는 법이다.

국가 리더에게 요구되는 '중량감'

원래 이야기로 돌아와보자.

말에는 무게가 있다.

'화술'을 익히고 싶다면 먼저 그 점을 이해해야 한다.

그리고 '역사'와 '사상'을 이야기하는 말은 무엇이 됐든 '무거운 말'이기 마련이다.

그러한 까닭에 국가 리더 또는 정치가가 이 '역사'와 '사상'을 언급할 때의 어려움은 궁극적으로 여기에 있다.

'역사'와 '사상'을 이야기하는 연설 연고를 작성하는 일의 어려움을 말하는 게 아니다.

이야기를 할 때 그 국가 리더 또는 정치가의 '중량감'이 전부 드러난다는 데서 비롯되는 어려움이다.

국가 리더로서 당당히 역사를 이야기하고 사상을 이야기하는 일.

그것은 어떤 의미에서 국가 비전을 이야기하고, 국가 정책과 전략을 이야기하는 일 이상으로 국가 리더가 해야 하는 중요한 역할이다.

그렇다고 한다면, 앞으로 일본의 국가 리더나 정치가는 어떻게 '한 인물로서의 중량감'을 갖출 것인가…….

원자바오의 연설을 들으며, 그런 생각이 마음을 스쳤다.

'말'에는 저마다 '**무게**'가 존재하며,
그 말을 **당당히** 입에 담고
청중의 마음에 박히도록 하려면
그에 상응하는 '**체력**'이 필요하다.
'**체력**'이란 단적으로 표현하자면
'**인물의 중량감**'이다.

제10화

여유로운 태도로
사람을 매료시키는
빌 클린턴(전 미국 대통령)
─'자연스러움'이라는 궁극의 스타일로 말하다

'자연스러움'이
선사하는 매력

'대통령직을 마친 지 10년, 그의 자연스러움에 더해 원숙미까지 풍부해졌다…….'

빌 클린턴. 전 미국 대통령.

2010년도 다보스포럼에서 그의 연설을 들었을 때 느낀 점이었다.

플리너리 세션에서, UN 아이티 담당 특사로서 2010년 1월 12일에 일어난 아이티 대지진을 위한 원조와 지원의 필요성을 호소할 때였다.

클린턴의 연설은 여느 때와 다름없이 훌륭했으나, 그후 슈와브 회장과 대화를 나누며 여유로운 태도로 자연스럽게 이야기하던 모습도 마음속에 깊이 남아 있다.

그는 전 대통령으로서의 위엄을 연기하지 않았고, 재해 지원을 둘러싸고 위기감을 부채질하듯 말하지도 않았으며, 단지 단상의 의자에 구부정하게 앉아서는 가끔씩 손을 무릎 위에 모으며 담담하게 이야기했다.

그러나 신기하게도 행사장에는 공감한다는 분위기가 퍼져나갔다.

대통령직을 마치고 10년이 지나, 클린턴은 더욱 자연스러워졌다……

본디 다보스포럼의 플리너리 세션에서 글로벌 톱 리더들을 앞에 두고 연설이나 대화를 하게 될 때, 평범한 정치가라면 어깨에 힘을 잔뜩 넣고 위엄 있는 모습을 연기하려고 하거나, 기교 어린 메시지로 청중에게 어필하려 든다.

그러나 클린턴은 허세 부리는 일 없이 여유로운 태도로 담담하게 이야기를 이끌어간다.

바로 이 '자연스러움'……

현재의 빌 클린턴의 화술이 지닌 매력이자 수많은 청중이 그의 메시지에 조용히 공감하는 이유일 것이다.

그러나 이 '자연스러움'만큼 어려운 건 없다.

'자연스러움'이 화술을 추구하는 사람에게 궁극의 스타일이라는 점은 누구나 알고 있다. 수많은 청중 앞에서 연설하는 정치가 또는 경영자라면 주지의 사실이다.

그러나 머리로 알고 있는 것과 실제로 그렇게 할 수 있는 것에는 결정적인 차이가 있다.

왜냐하면 '자연스러움'이라는 스타일은 의식하면 할수록 불가능해지기 때문이다.

'자의식'이라는 함정

긴장하는 부하에게 "자연스럽게 해!"라며 곧잘 조언하는 리더가 있다. 마음은 이해하나 '자연스러움'이라는 건 그걸 의식하면 할수록 반대로 멀어지는 법이다.

마치 좌선坐禪 수행에서 '무념무상이 되어야 한다'라고 생각하면 할수록 그와는 반대로 잡념이 솟구치는 것과 마찬가지다.

그 이유는 무엇일까?

'자의식'이 움직이기 때문이다.

인간은 마음속에 누구나 '자의식'을 갖고 있다.

그리고 누구나 느끼고 있듯 이 '자의식'을 다루기가 무척 어렵다.

자의식이 없다면 애당초 적절한 자기관리나 표현이 불가능해지며 생활에도 지장을 초래하나, 반대로 자의식을 방치했다가는 자의식 과잉에 빠지며 이따금씩 자기 자신의 이미지에 과도하게 사로잡히거나 병적인 나르시시즘에 빠지기도 한다.

따라서 '자연스러운 상태'란 '자의식'이 작동하면서도 그것이 지나치지 않은 정도를 가리키지만, 어려운 일이다.

특히 다보스포럼처럼 중요한 자리에서 연설을 할 때는, 나는 사람을 좋게 보여주고 싶다, 대단한 사람이라 여기게 하고 싶다, 청중에게 좋은 평가를 받고 싶다, 사람들에게 칭찬받고 싶다 등등의 방향으로 '자의식'이 움직인다.

그리고 '자의식' 과잉이 모종의 '부자연스러움'으로 나타나 '자연스러운 상태로 머무는 것'을 방해하고 만다.

'경청의 달인' 클린턴

그러면 클린턴은 왜 '자연스러울' 수 있을까?

본디 '태평함'이나 '꾸밈없음', '솔직함' 같은 자질은 그가 대통령 자리에 있던 시절부터 지니고 있었던 그의 '특색'이기도 했다.

그리고 두말할 나위도 없이 역대 대통령 중에서도 굴지의 평가를 얻은 연설의 달인이 바로 빌 클린턴이다. 부인인 힐러리 클린턴의 대통령 선거에서 빌 클린턴이 지지 연설을 했다가는 힐러리가 그의 그림자에 가려진다는 이유로 그만두었다는 에피소드가 있을 정도다.

　게다가 클린턴은 '경청의 달인'이다.

　마음을 담아 상대의 이야기를 듣는다. 상대의 이야기에 귀를 깊이 기울인다.

　지지자들도, 그와 같은 클린턴의 자세에 대해서는

　"클린턴과 이야기를 하면 그가 내 이야기에 집중하기 때문에 주변에 나 말고 아무도 없는 듯한 기분이 든다"

라고 할 정도다.

　클린턴이 두 차례의 대통령 선거에서 연속으로 당선되어 임기에 머물렀던 8년 동안 국민적 인기를 유지할 수 있었던 것은 그의 탁월한 화술과 연설 능력, 그리고 경청하는 능력 때문이다.

　그리고 그 인기는 역시 클린턴의 '태평하고' '꾸밈없으며' '솔직한' 품성에 의해 뒷받침되었다고 할 수 있겠다.

　그러한 의미에서 보자면 그의 '자연스러움'은 천성일지도 모른다.

자의식을 떨구어낸
'그 사건'

그러나 2010년도 다보스포럼 때, 단상에서 여유로운 태도로 이야기하는 클린턴의 모습을 보고 있자니 대통령직을 마치고 10년이 지난 지금, 그의 '자연스러움'에 더해 원숙미가 늘었음을 느꼈다.

'10년이라는 연륜'이 쌓인 결과 몸에 밴 '원숙미'일까?

그런 의문이 마음속에 떠오른 순간, 문득 생각했다.

그렇지는 않을 것이라고.

지금 클린턴에게서 풍기는, '원숙함'이라고 불러도 좋을 법한 '자연스러움'은 어떤 사건 하나를 거치며 천성의 자질에 깊이가 더해진 것이 아닐까…….

그렇다. 말할 필요도 없는, 그 사건 말이다.

모니카 르윈스키 사건.

클린턴이 대통령이었던 시절, 백악관 인턴이었던 모니카 르윈스키와의 '부적절한 관계'가 스캔들이 되어 지탄을 받은 유명한 사건이 있었다.

당시 클린턴은 전 국민을 대상으로 텔레비전을 통해 사죄했다.

그 사건을 겪으며 그의 내면에 있던 '프라이드'와 '허영' 같은 '자의식'이 커다란 하나의 세례를 받았을 수도 있다.

국민이 위대한 대통령이라 여길 수 있도록 해야 한다는, 국민에게 칭찬받는 대통령이 되어야 한다는 '자의식'이 '모니카 르윈스키 사건'이라는 세례를 받으며 얼마간 떨어져나갔을 수도 있다.

그것이 지금, 그가 보여주는 '원숙함'이라 불러도 좋을 '자연스러운' 모습의 배경에 있는 마음의 변천은 아닐까.

클린턴의 모습을 보고 있자니 그런 생각이 떠올랐다.

'좌절 체험'이라는
양식

만일 그렇다면, 정치가에게 '좌절 체험'이란 무엇일까?

결코 부정적인 의미만 존재하지는 않는다.

그러한 체험을 통해 한 사람의 정치가가 당도할 '경지'라는 것이 있다.

클린턴에게 앞서 언급한 '좌절 체험'은 어떤 의미에서는 소중한 양식이 되었을 것이다.

그런 생각을 하며 단상의 클린턴을 보고 있다가 문득 또 한 사람의 미국 대통령을 떠올렸다.

그 또한 거만하다 할 수 있을 정도의 '자의식'을 지녔으며 정권의 정점에 군림했다.

그러나 역시 하나의 사건에 의해 대통령 자리에서 쫓겨나 실의에 빠진 채 백악관을 떠났다.

리처드 닉슨.

널리 알려진 민주당 본부 도청 사건, '워터게이트 사건'으로 인해 1974년 대통령직을 사임하기에 이른다.

그러나 인연은 신기한 법이다.

그로부터 사반세기가 지난 후, 닉슨을 백악관에 초청하여 대화를 나눈 사람이 클린턴이었다.

그리고 클린턴의 초청을 받은 닉슨 또한 거만한 자의식을 품었던 그 옛날의 닉슨은 아니었다. 그 역시 이미 어느 경지에 도달한 인물이 되어 있었다.

머리로 **알고 있는 것**과
실제로 **그렇게 할 수 있는 것**에는
결정적인 **차이**가 있다.
'자연스러움'이라는 **스타일**은
의식하면 할수록
불가능해지기 때문이다.

제11화

정열적인
연설로 끝맺는
앨 고어 (전 미국 부통령)
─ '냉정한 시선'을 정열 깊숙이 지니고 말하다

'노벨상'을 거머쥔
정열적인 연설

그의 연설은 언제나 막바지를 향해 갈 때 열기를 더해간다.

앨 고어. 미국 전 부통령. 2007년도 노벨평화상 수상자.

그의 연설은 다보스포럼에서도 몇 번 들었으며, 사실 TED 콘퍼런스에서도 몇 번인가 들은 적이 있다.

연설 내용은 많은 사람이 알고 있듯이 지구온난화에 대해 경종을 울리는 것이었는데, 2007년도 아카데미 다큐멘터리 상을 수상한 영화 〈불편한 진실An Inconvenient Truth〉을 통해서도 그의 연설과 프레젠테이션을 본 사람들이 많을 것이다.

과학적인 데이터를 제시하면서 지구온난화의 위협을 논리적이고도 설득적으로 청중에게 전달하는 스타일.

이 스타일로 전 세계를 돌며 1000회가 넘는 연설과 프레젠테이션을 한 데서 그에게 노벨평화상이 수여된 것인데, 사실 그가 이러한 연설을 비공개 오찬 모임 같은 데서 할 때는 한 가지 특징이 있다.

막바지를 향해 언제나 열기를 더해간다는 점이다.

이를테면 객관적인 데이터를 제시하면서 지구온난화의 진행과 그 문제의 심각함을 이야기한 후, 마무리 직전에 그는 다음과 같이 열띠게 말한다.

"이제 우리에게 남은 시간은 많지 않습니다!"

호소하는 듯한 그의 위기감 넘치고도 열기 가득한 메시지에, 듣는 사람들도 무심코 그 생각에 공감하고 주지主旨에 찬동하며, 자리에는 곧잘 감동의 물결이 인다.

그러나 그의 연설을 들으며 청중의 한 사람으로서 공감하고, 찬동하고, 감동하는 한편, 또하나의 내가 그의 연설을 지켜보며 다음과 같이 느낀다.

그의 정열적인 메시지는 훌륭하다.

그러나 사실 앨 고어는 냉정하게,

이 '정열적인 메시지를 이야기하는 인물'을 연기하고 있다.

'정열'과 '냉정'의
양면성

의외라 여길 독자들도 있겠으나, 그것이 진실이다.

뛰어난 프로 화자는 반드시라는 표현을 써도 좋을 만큼 '양면성'을 지니고 있다.

생각을 담아 정열적으로 메시지를 이야기하는 나.

그러한 나를 냉정하게 바라보며 연기하는 나.

뛰어난 화자는 반드시 이 '양면성'을 지니고 있다.

이는 뛰어난 연극배우나 영화배우도 마찬가지다.

프로 연기자나 배우도 같은 말을 한다.

"무대 위에서 어떤 인물로 완전히 변신하여 감정을 표현한다."

"동시에 그러한 나 자신을 차가운 눈으로 바라보는 또 하나의 내가 있다."

숙련된 연기자나 배우는 이따금씩 다음과 같이 덧붙이기까지 한다.

"그와 같은 두 사람의 나를, 한층 더 먼 곳에서 지켜보는 내가 있을 때가 최고의 경지다."

과연 프로다운 말이다. 하지만 그 정도로까지 원숙한 경지에 이르지 않아도 '자기 자신을 냉정하게 바라보는 또하나의 내가 있다'라는 것은 뛰어난 화자가 되기 위한 하나의 조건일 것이다.

'자아도취'의 위험함

그러면 왜 '자기 자신을 냉정하게 바라보는 또하나의 나'가 필요할까?

거기에는 몇 가지 이유가 있으나, 그중에서도 명확한 이유가 하나 있다.

'자아도취'에 빠지지 않기 위해서다.

뒤집어 말하자면 제아무리 정열적이면서 마음이 담긴 연설이라 해도, 거기에서 모종의 '자아도취'나 '자기애(나르시시즘)'를 느낀 순간, 청중 대부분은 마음이 식거나 멀어지기 때문이다.

그러므로 뛰어난 화자는 마음을 담아 정열적으로 이야기하면서도, 또하나의 내가 그와 같은 열정적인 나를 냉정하고도 객관적으로 바라보며 억제한다.

뛰어난 연설이란 그저 감정에 모든 걸 맡기고 정열적으로 마음을 담아 이야기하는 연설이 아니다. 어딘가에 반드시 '억제'라는 요소가 존재한다. 감정에 맡기고 정열적으로 마음을 담아 연설하는 것 같으면서도 어딘가 깊은 곳에 고요한 '억제'가 도사리고 있다.

이는 특히 국가 리더나 정치가와 같이 '직업적인 화자'일 경우 필연적인 조건으로 기능한다. 왜냐하면 그들은 매번 다른 청중에게 똑같은 열정을 가지고 똑같은 테마를 몇 번이고 거듭해서 이야기하는 일이 직업이기 때문이다.

이러한 입장에 있는 화자는 연설에 숙달되면 될수록 자연스럽게, 그리고 필연적으로 '정열적으로 이야기하는 나'와 '그걸 냉정하게 바라보는 나'라는 양면성을 체득하게 된다.

그러나 일반적인 청중은 그러한 '냉정한 인격'을 거의 알아채지 못한다. 청중 안에 프로 화자가 있을 때만 '냉정한 인격'의 존재를 알아차릴 것이다.

'아마추어의 감동'과
'프로의 감동'

이쯤에서, 세상에는 '아마추어 화자의 감동적인 이야기'가 있다는 것을 덧붙이고자 한다.

이를테면 겨울산에서 조난당하게 생긴 등산대가 아슬아슬한 극한 지점에서 살아 돌아온다. 그후 기자회견에서 등산대의 대장이 "그 순간, 우리 모두 절망에 빠졌습니다. 하지만 무선을 통해 들려오는 목소리만이 우리를 지탱해주었습니다" 같은 이야기를 한다.

이와 같은 이야기는 분명 많은 사람에게 감동을 준다. 이야기 안에 '살아 돌아왔다!'라는 진실된 마음이 담겨 있기 때문이다. 그리고 '이 이야기로 사람들을 감동시키겠다', '나라는 존재를 어필하겠다' 등과 같은 의도 내지 계산이 없기 때문이다. 따라서 '아마추어 화자의 감동적인 이야기'라는 건 확실히 있다. 거기에는 '냉정한 인격'은 존재하지 않으며 필요하지도 않다. 그저 진실된 마음을 담아 말하면 족하다.

그러나 만일 등산대의 대장이 이 감동적인 이야기를 텔레비전 또는 강연 같은 데서 몇 번이고 하게 되었을 경우, 반드시 '자의식'이 싹튼다. 그리고 많은 사람이 감동하는 모습을 보면 볼수록 은밀한 '자아도취'가 생기기 시작한다. 그 결과 마음속 어딘가에 '이 이야기로 또 감동시키겠다', '이번 방송에서 나를 어필하겠다' 같은 의도와 계산이 살그머니 숨어들기 시작한다.

그러나 텔레비전 앞의 시청자와 강연에 모인 청중은 의식과 무의식의 경계에서 '자아도취'적인 의도와 계산을 감지하는 순간 마음이 식기 시작한다. 그러므로 이와 같은 경우에는 역시 '냉정하게 나 자신을 바라보는 또하나의 나'가 필요해진다.

'아마추어 화자의 감동적인 이야기'와 '프로 화자의 감동적인 이야기'는 이 지점에서 차이가 난다.

'매번, 초심'이라는 마음가짐

그리고 아마추어와 프로의 차이는 하나 더 있다.

'매번, 초심'이라는 마음가짐이다.

다시 말해 진짜 프로 화자는 똑같은 감동적인 이야기를 수십 번 되풀이해도 매번 '처음 말하듯' 신선한 마음으로 이야기할 수 있다.

이는 역시 연극배우나 영화배우의 세계를 들여다보면 이해가 간다.

뛰어난 연극배우는, 관객을 깊은 감동으로 이끌면서도 무대에서의 클라이맥스 장면을 몇 번이고 연기할 수 있다. 이따금씩 명배우가 '1000회 기념 공연' 같은 타이틀을 내걸고 무대에 오르는데, 같은 감동의 장면을 매번 풍부한 정감을 담아 1000번 거듭해왔다는 뜻이 된다.

마찬가지로 뛰어난 영화배우는 카메라 앞에서 어떤 감동적인 신을 몇 번이고 재촬영하게 되었을 때도 거듭거듭 정감 풍부하게 연기할 수 있다.

그렇다면 뛰어난 화자 또한 이 '매번, 초심'이라는 마음가짐으로 감동적인 이야기를 몇 번이고 풍부한 정감을 담아 이야기할 수 있는, 그러한 인간이다.

요컨대 '뛰어난 화자'란 지금까지 서술한 바와 같이 '뛰어난 배우' 그 자체다.

배우 레이건의 '반격'

그런 사실을 뼈저리게 느낀 적이 있다.

1984년 미국 대통령 선거에서, 민주당의 월터 먼델 후보와 공화당의 로널드 레이건 후보가 텔레비전에서 토론하던 장면을 보면서다.

당시 토론에서는 먼델 후보가 논리를 치밀히 펼치며 레이건 후보가 내놓은 정책의 문제점을 지적하고 날카롭게 공격했다. 명석한 논리였고, 말솜씨도 매서웠다. 텔레비전을 보고 있던 대부분의 시청자들이 '먼델이 우세하구나⋯⋯' 하고 느꼈다.

그러나 그 순간 레이건 후보는 의표를 찌르는 '반격'을 했다.

레이건은 먼델의 공격에 대해 정면으로 반론하지 않았다. 그저 조용히 미소 지었고, 공격하는 말들을 부드럽게 받아들였으며, 우아한 분위기로 손을 벌리고는 조금 곤혹스러운 표정으로 어깨를 움츠렸다.

그가 한 행동은 고작해야 그게 전부였다.

그러나 레이건의 표정과 몸짓으로 형세는 역전되었다.

이 장면은 텔레비전을 통해 '상대를 매섭게 공격하는 악랄한 먼델'과 '공격당해도 미소를 잃지 않는 호인 레이건'이라는 느낌으로 비쳤기 때문이다.

알다시피 레이건은 영화배우 출신이다. 텔레비전 토론에서 열세에 몰리자 '정책론'으로 반론하기 전에 순간적으로 '좋은 사람'을 연기하며 스스로에 대한 '순풍'을 만들어낸 것이다.

훗날 레이건은 '무슨 일이 있어도 상처받지 않는다'라는 의미로 '테플론 대통령'이라는 평가를 받았는데, 그는 논쟁을 할 때도 논리를 초월한 세계에서의 승부가 존재한다는 점을 깊이 이해한 사람이었다. 그리고 그 세계에서 벌어지는 승부에서 이기기 위한 기술, 다시 말해 '연기력'을 갖춘 사람이었다.

앨 고어 또한 그러한 의미에서 '배우'일 것이다.

그는 지구온난화를 주제로 연설할 때 '정열적인 메시지를 설파하는 인물'을 냉정히 연기한다.

그의 내면에는 '정열적으로 이야기하는 인물'과 그것을 '냉정히 바라보는 인물'이라는, 일견 모순된 두 가지 인격이 공존한다.

그리고 청중 또한 앨 고어의 안에 그 두 가지 '대극적인 인물'이 있음을 마음 깊은 곳에서 느끼며, 그렇기 때문에 진정 그를 신뢰하는 것이리라.

'다가서기 쉬움'과 '만만찮음'의 공존

한 사람의 인간 안에, 일견 모순되어 보이는

두 가지 인격이 공존하며 그 두 가지 '대극적인 인격'이 있기 때문에 비로소 사람들은 그 인물을 신뢰한다.

이렇게 적으면 의외라 여길 독자들도 있을 것이다.
그러나, 사실이 그렇다.
특히 다보스포럼에 모이는 글로벌 톱 리더들은 그와 같은 관점으로 국가 리더의 가치를 평가하고, 품평한다.

정열과 냉정의 공존.
이상주의와 현실주의의 공존.
신중함과 대담함의 공존.
다정함과 엄격함의 공존.

국가 리더 자리에 있는 자는, '모순된 두 가지 인격'을 지니고서 그 두 인격 사이의 균형을 유지하며 눈앞의 현실에 대처해야만 한다.

'모순된 인격의 공존'.

이를 체현하고 있는 덕분에 글로벌 톱 리더들에게 신뢰를 얻은 정치가가 한 사람 더 있다.

앙겔라 메르켈. 독일 총리.

메르켈은 매년 다보스포럼에 참석하여 연설을 한다. 그렇기 때문에 메르켈이 미디어 인터뷰에 응하는 모습 같은 것도 볼 기회가 생기는데, 가까이에서 보는 메르켈은 '솔직하면서 다가서기 쉬운 사람', '소박하고 견실한 어머니' 같은 인상을 준다.

실제로 메르켈은 그와 같은 인격을 지니고 있으며, 그러한 까닭에 국민적인 인기를 얻고 있으나, 한편으로 다보스포럼에 참석하는 톱 리더들로부터는 안정감과 신뢰감 있는 정치가로서 높이 평가받고 있다.

애당초 이 톱 리더들은 '사람 됨됨이가 좋다'라는 이유만으로 정치가 한 사람을 신뢰하지는 않는다.

그렇다면 어째서 그들은 메르켈을 신뢰할까?

그들은 메르켈이 가진 또하나의 '인격'을 높이 사기 때문이다.

메르켈의 '다가서기 쉬운 인물' 이면에는 또하나의 인격이 있다.

'결코 녹록지 않은 정치가'라는 인격이 그것이다.

확실히 다보스포럼에서 메르켈의 연설을 들으면 그녀의 '강함'이 느껴진다.

그녀의 주장은 언제나 지극히 직설적이고 논리적이며 설득력이 있다.

그리고 무엇이 어떠해야 하는가에 대한 판단 기준과 방침도 명확하고, 망설임이 없다.

게다가 강한 신념을 바탕으로 주장하기 때문에 논쟁을 펼치기에는 까다로운 상대다.

메르켈의 모습을 보고 있자면 표면적인 분위기는 완전히 다르지만 과거 영국 총리였던 대처의 이미지를 메르켈에게서 발견하는 사람이 있다는 것도 수긍이 간다.

그러한 메르켈이 '결코 녹록지 않은 정치가'로서 진면목을 드러낸 장면이 있었다.

2011년 3월에 발생한 후쿠시마 원전 사고와 관련해서다.

그녀는 이 사고가 일어난 직후 '원자력발전 추진'에서 '탈脫원자력발전'으로 독일의 에너지 정책 전환을 단행했다.

그 상태대로라면 야당이자 환경정당인 '녹색당'의 약진이 계속되리라 예상되는 지점에서 정책을 대담히 전환한 것이다.

메르켈의 현실감각과 균형감각은 문자 그대로 '결코 녹록지 않은 수준'이라 형용해야 할 것이고, 당시의 정책 전환을 통해 그녀의 진면목이 여지없이 드러났다.

앙겔라 메르켈.
그녀가 드러내는 '다가서기 쉬운 인물'이라는 모습과 '결코 녹록지 않은 정치가'라는 모습.
앨 고어.
그가 드러내는 '정열적으로 말하는 인물'이라는 모습과 '냉정히 스스로를 바라보는 인물'이라는 모습.

한 사람의 정치가 안에, 일견 모순되어 보이는 두 가지 인격이 공존한다.

정열과 냉정의 공존.
이상주의와 현실주의의 공존.
신중함과 대담함의 공존.
다정함과 엄격함의 공존.

뛰어난 정치가는 이 '대극적인 인격' 사이에서 균형을 취하며 국민과 마주하고, 눈앞의 현실에 대처한다.

그 교묘한 '균형감각'이 느껴지기 때문에 사람들은 해당 정치가를 신뢰하는 것이다.

다보스포럼에서 뛰어난 국가 리더를 볼 때면 생각하게 되는
지점이다.

제12화

청중의
눈물을 유도한
고든 브라운(영국 총리)

― '묵직하게 울려퍼지는 목소리'를 무기로 삼다

브라운이 말하는
'르완다의 비극'

연설이 끝나자, 옆자리에 앉아 있던 남성이 눈물을 흘리며 박수를 쳤다.

로비에서 만났을 때 실리콘 밸리에서 벤처기업을 경영하고 있다고 했던 그 남성은 눈물을 닦으려고도 하지 않은 채 자리에서 일어나 그 정치가의 연설에 아낌없는 박수를 보냈다.

고든 브라운. 영국 총리.

정치가인 그에 대한 평가가 달라진 것은 이 시점부터였다.

'이 정도로 감동적인 연설을 할 수 있는 정치가였던가…….'

정확한 감회는 그랬다.

일본에서 미디어를 통해 보았던 그에 대한 인상은, 수수하다고 하는 게 맞을 것이다.

게다가 전임 총리는 토니 블레어였다.

연설을 맡기면 위트와 유머를 가득 담아 경쾌하고도 묘한 화술로 단숨에 청중의 시선을 끈다. 패널 토론이라도 할라치면 뛰어난 임기응변으로 대응한다.

화려한 정치가, 토니 블레어.

그에 비하면 고든 브라운은 수수한 정치가, 라는 느낌을 부정하기 어려웠다.

그러나, 그랬던 그의 인상이 이 연설을 듣고 나서 180도 바뀌었다.

'감동적으로 연설할 수 있는, 기개 있는 정치가'.

그렇게 바뀌었다.

사실 앞서 소개한 브라운의 연설은 다보스포럼에서 들은 게 아니다.

TED 콘퍼런스에서였다.

2009년에 영국 옥스퍼드에서 TED 글로벌이 개최된 적이 있다.

이 자리에는 당시 영국 총리였던 브라운도 런던에서 달려와 참석했고, 모든 참가자 앞에서 연설을 했다.

브라운은 연설에서 다음과 같이 말했다.

르완다의 어린이박물관에는 열 살짜리 소년의 사진이 있습니다.

이 박물관은 100만 명이나 되는 사람들이 죽은, 르완다 학살이 앗아간 목숨을 추도하고 있습니다.

그곳에는 데이비드라는 이름을 가진 한 소년의 사진이 있습니다.

사진 옆에는 그의 인생에 대해 적혀 있습니다.

데이비드, 열 살.

의사가 되는 게 꿈이었습니다.

좋아하는 운동은 축구.

소년이 가장 좋아했던 일은

사람들을 웃기는 것이었습니다.

소년은 어떻게 죽어갔을까요?

고문으로 살해당했습니다.

역시 고문으로 살해당한 어머니에게 했던 마지막 말은

"엄마, 걱정하지 마. 유엔이 금방 올 거야"였습니다.

그럼에도 우리는 돕지 않았습니다.

그 소년은 우리의 약속을 믿었습니다.

르완다 사람들을 돕겠다는 약속을요.

그랬는데도, 우리는 돕지 않았습니다.

'묵직하게 울려퍼지는 목소리'라는
무기

　이렇게 말한 후, 브라운은 그와 같은 사람들을 구조하고 지원할 국제조직이 필요하다고 호소했다.

　이 연설을 들으며 나도 분명 마음이 움직였다.

　옆에 앉은 남성처럼 눈물을 흘리며 들었던 건 아니었으나, 브라운의 연설은 확실히 감동적이었다.

　그러나 동시에, 그의 연설을 들으며 다음과 같이 느꼈다.

　'이 목소리는, 고든 브라운 표 연설의 '숨은 무기'이겠구나…….'

　왜냐하면 브라운의 목소리는 낮고, 굵고, 묵직하게 울려퍼지기 때문이다.

　그 목소리가 '르완다에서 학살당한 소년'이라는 연설 내용과 맞물려 감동을 불러일으킨 것이다.

　브라운은 담담히 말을 이어간다. 과장된 말투도 화려한 표현도 사용하지 않고, 감정을 겉으로 드러내는 일도 없이, 담담히 이야기한다.

　미디어를 통해 볼 때 '수수한 인상'이라 느끼게 되는 이유이기도 하겠으나, 실제로 그의 연설을 가까이에서 들으면 그러한 인상은 크게 바뀐다.

브라운의 연설은, 담담히 이야기하는 가운데, 그 낮고 굵고 묵직한 목소리에 힘입어 연설 속 메시지가 듣는 이의 마음속으로 날아드는 것이다.

오래전부터 화술에 관한 수칙으로 중요하게 언급되는 사항이 있다.

'묵직한 목소리로 이야기하라.'

다시 말해 '연설을 할 때는 묵직하고 낮은 목소리로 하라'라는 수칙이다.

'리더는 묵직하고 낮게 말하라'라는 수칙으로 언급되기도 하는데, 일반적으로 화자 또는 리더가 묵직하게 울려퍼지는 낮은 목소리로 이야기하면 그 인물의 '강함'과 '신념', '따뜻함', '포용력'이 느껴지기 때문이다.

그러한 의미에서 브라운의 '묵직한 목소리'는 그가 연설을 할 때 '숨은 무기'로 작용한다.

따뜻함과 포용력이 일으키는
'시너지'

다만, 당연한 말이지만 브라운의 연설이 뛰어난 점은 '묵직하게 울려퍼지는 목소리'에만 있지는 않다. 방금 '묵직하게 울려퍼지는 낮은 목소리는 그 인물의 강함과 신념, 따뜻함과 포용력을 느끼게 해준다'라고 했는데, 확실히 브라운은 실제로 만나보면 따뜻함과 포용력이 느껴지는 사람이다.

2012년도 다보스포럼 때의 일이다. 브라운과 일본의 정치가 몇 명이 세계의 에너지 정책에 관하여 토론할 기회가 있었는데, 브라운은 조금 늦게 도착한 젊은 정치가에게 "Oh! Future Prime Minister!(오, 미래의 총리가 오셨군!)" 하고 웃으며 말을 걸었다. 그때 브라운이 지닌 인간으로서의 따뜻함과 포용력이 느껴졌다.

역시 실제로 그와 같은 따뜻함과 포용력을 갖추고 있기 때문에 그의 '묵직하게 울려퍼지는 목소리'가 연설을 듣는 이의 마음속 깊은 데까지 전달되는 것이리라.

목소리가 높은 화자를 위한
'두 가지 방안'

다만 이 '묵직하고 낮은 목소리'가 갖는 효용에 대해 다음과 같은 의문을 품는 독자들도 있을 것이다.

'나는 타고난 목소리가 높아서, 묵직하고 낮은 목소리로 말하기가 어렵다.'

체질적으로 목소리가 높은 사람이 분명 있다. 특히 일본인 중에는 그런 사람이 적지 않다.

사실은 나도 그런 사람 중 한 명인데, 목소리가 높아서 묵직하고 낮은 목소리를 내기 힘든 사람에게는, 그 나름대로 길이 있다.

개인적인 체험을 통한 '두 가지 방안'을 소개한다.

첫번째는 '감정을 자제하고 침착하게 말하기'다.

목소리가 높아서 '묵직하게 울리는' 소리를 낼 수 없다 하더라도, '감정을 자제하고 침착하게 말함'으로써 상대에게 메시지를 자연스럽고도 적확하게 전달할 수 있다.

확실한 건, 높은 목소리로 이야기할 때 자칫하다가는 자신의

'약함'과 '망설임', '차가움', '그릇이 작음' 같은 느낌을 줄 수 있다는 점이다.

그러나 목소리가 높다 하더라도 '감정을 자제하고 침착하게 말하면' 말이 상대에게 자연스럽게 전달되며, 그 결과 '강함'과 '신념', '따뜻함', '포용력'이라는 인상이 생겨난다.

두번째는 '명료하게 이야기하기'다.

목소리가 높은 사람의 말은 대부분의 경우 '빠른 어조로 줄줄이 읊어대는' 것처럼 들리기 때문에 알아듣기 힘들다. 그러므로 적절히 '간격'을 두면서 이야기하고, 단어 하나하나를 마치 '하나의 낱알'인 양 입 밖에 냄으로써 명료하게 이야기할 수 있다.

이와 같은 방법을 사용하면 상대의 '마음'에 말을 전달하기 쉬워진다.

요컨대 브라운처럼 '묵직하게 울려퍼지는 목소리'를 갖고 있지 못한 화자일 경우 '감정을 자제하며 침착히 말하고, 명료하게 이야기한다'라는 수련을 쌓는 것이다. 이러한 수련을 쌓으면 목소리가 높다 해도 하고자 하는 말이 상대에게 자연스럽게 도달하고, '마음'에 전달될 수 있다.

'묵직하게 울려퍼지는 목소리'를 무기로 삼는 것.

브라운에게는 유효한 전략이나, 사실 목소리의 질이 어떻든 그 목소리의 성질을 살려 '말하는 방법'을 체득함으로써, 목소리의 질을 '순풍'으로 기능하게 할 수 있다.

나 또한 타고난 목소리는 높지만, '조용히 말하기', '여운을 중요하게 여기며 말하기' 등을 의식하는 방법을 통해 도리어 내 목소리의 특징을 살려서 쓰려고 한다.

관심 있는 분들은 유튜브Youtube의 '다사카 히로시田坂広志 공식 채널'로 업로드하는 '바람의 대화 시리즈風の対話シリーズ' 등을 들어보면 참고가 될 것이다. 또한 유튜브를 통해 '복수의 인격'에 따른 말하기나 강연도 비교해가며 들어볼 수 있다.

어떻든 중요한 점은, 스스로의 개성이 무엇인지 아는 일이다.
그리고 그 개성을 살리는 일이다.

제13화

말 한마디로
상대를 베는
마거릿 대처(전 영국 총리)

—'여운'을 통해 소리 없는 언어를 발하다

'철의 여인'의
진면목

말의 여운으로 사람을 벤다.

날카롭게 베고 드는 모습으로 감명을 준 '철의 여인'.

마거릿 대처. 전 영국 총리.

그녀의 연설을 들었을 때, 그녀가 던지는 말의 예리함에 깊은 감명을 받았다.

다보스포럼에서 대처의 연설을 들은 건 아니다.

영국이 중국에 홍콩을 반환한 1997년의 일인바, 홍콩 반환 후 그녀가 일본을 방문하여 전 영국 총리의 입장에서 했던 연설을 들으러 갔었다.

연설 테마는 홍콩 반환을 포함한 영국의 외교 정책에 관해서 였는데, 실로 '철의 여인'이라 불러도 좋을 그녀의 화술의 날카로움을 안 것은 연설이 끝난 뒤 청중과 가진 질의응답 시간에서 였다.

질의응답 서두에서 일본의 어느 경영자가 다음과 같은 질문을 했다.

"대처 전 총리께서는

영국의 개혁을 이룩한 리더이신데,

아시다시피 일본이라는 국가는 불황을 오래 겪고 있습니다.

만일 일본의 총리시라면 어떤 수를 쓰시겠습니까?"

이 질문을 들은 순간, 같은 일본인으로서 왠지 부끄러웠다.

결코 '왜 이 나라의 개혁에 대한 방법을 외국 지도자에게 물어야만 하는가' 같은 의미에서가 아니다.

질문을 한 사람의 마음속에 자리한, 모종의 '안이함'을 느꼈기 때문이다.

부끄러움을 끌어안고서 맨 앞줄에 앉아 있던 나는, 대처 쪽을 봤다.

자, 이 질문에 대해 그녀는 뭐라고 대답할까?

그러나 단상의 대처를 보자, 그녀는 아무런 표정 변화 없이 자신에 가득찬 분위기로, 조용히, 대답했다.

"만일 제가 이 나라의 지도자라면,

이 나라를 개혁할 방법이 있습니다.

그 방법도 알고 있습니다.

그러나 한 가지만 말씀드리고 싶군요.

정치에, 마술 같은 건 없습니다."

그 순간, 그녀의 마지막 말이 가슴에 콱 박혔다.

"정치에, 마술 같은 건 없습니다."

자분자분한 말투였지만 명확하게 단언하는 그녀의 말이 가슴에 꽂혔다.

말 그대로다. 정치에는 마술도 마법도 존재하지 않는다.

정치가로서 온갖 역경에 대항하며 해야 할 일들을 한다.

신념을 갖고, 착실히 해나간다.

그것뿐이다.

그럼에도 위와 같은 질문을 던진 경영자의 모습에서 느낀 것은 '뭔가 좋은 방법 없을까요?' '개혁의 비결이라 할 만한 게 있습니까?' 하는 식의, 간단하고 손쉬운 방법을 요구하는 '안이한 정신'이었다.

그걸 꿰뚫어 보기라도 한 듯 대처는 "정치에 마술 같은 건 없습니다."라고 잘라 말했다.

짧지만 대단히 훌륭한 응답이었다.

몸을 뒤로 돌려 질문자 쪽을 보니, 못을 박는 듯한 대처의 대답에 당황한 표정이었다.

본인의 '안이한 정신'을 지적당했다는 걸 알아채지 못했다. 표정을 보니 '그게 전부입니까?' 하고 당황하는 게 느껴졌다.

프로의 세계에는 '하수는 상수의 실력을 모른다'라는 명언이 있다. 그야말로 이 문장을 상징하는 장면이었다.

그 경영자는 본인보다 까마득한 상급자인 대처가 무엇을 지적하고 있는지 모른다.

그 순간, 그 경영자의 표정에서 마음의 움직임을 읽어낸 대처는 어떤 행동을 취했을까?

낭랑한 목소리로 단 말 한마디의 말을 덧붙였다.

"다음 질문!"

예의 경영자에게서 시선을 떼고 행사장을 둘러보며 그렇게 말했다.

무슨 일이 일어난 것일까?

대처는 그저 말 한마디에 담긴 여운으로 청중을 베었다. 거기에는 일말의 망설임도 없었다.

내 귀에는 이 "다음 질문!"이라는 말이 이렇게 들렸다.

"시답잖은 질문은 그만! 제대로 된 질문 없습니까!"

사실 나뿐만 아니라 행사장에 모여 있던 대부분의 청중은 그 무언의 메시지를 감지하지 않았을까?

과연, '철의 여인' 대처였다.

나는 고개를 깊이 끄덕이면서 대처의 얼굴을 바라보았다.

그리고 속으로 생각했다.

이 연설을 들으러 오길 잘했다고.

왜냐하면, 이와 같은 글로벌 톱 리더의 연설을 듣는 행위의 진짜 의미는, 그 리더가 어떠한 비전이나 정책을 이야기하는가를 '아는 것'이 아니라, 그 리더가 어떠한 인물인가를 '느끼는 것'이기 때문이다.

그러한 의미에서 대처의 연설은 마음에 남는 연설이었다.

질의응답 시간이 끝난 후, 연단에서 내려온 대처는 어째서인지 맨 앞줄에 앉아 있던 내게 악수를 청했다.

내가 맨 앞줄에 앉아 있었던 청중이기 때문이었을까…….

그 때문만은 아니었을지도 모른다…….

그때 대처는 맨 앞줄에 앉아 있는 청중 중 한 사람과 시선을 마주쳤을 때, 자신이 언어로 전하지 않은 메시지까지 그 한 사람이 파악했다는 것을 느꼈는지도 모른다.

이는 내가 그후 계속해서 연설 진검승부라는 경험을 축적하

고, 청중의 무언의 목소리에 귀를 기울일 수 있게 되면서 새삼
다시 느끼는 회고와 감회이기도 하다.

'여운'과 '간격'에 담는
에너지

말의 여운으로 사람을 벤다.
말의 여운으로 깊이 있는 메시지를 전한다.

뛰어난 화자는 반드시 그와 같은 기술을 체득하고 있다.
그러나 '말의 여운으로 깊이 있는 메시지를 전한다'는 것은
그리 쉬운 일이 아니다.
'말의 여운'과 '말의 간격'으로 깊이 있는 메시지를 전하기 위
해서는 그 '말의 여운'과 '말의 간격' 부분에 지극히 커다
란 '정신적 에너지'를 담을 필요가 있기 때문이다.

'여운'과 '간격'에 에너지를 담는다.

이렇게만 쓰면, 독자들은 쉬이 이해하지 못할지도 모르겠다.
왜냐하면 '여운'과 '간격' 부분이란 본디 '말로 내보내지 않

은 부분'이며, 물리적으로는 '무언', '무성', '무음' 상태이기 때문이다.

그 '무언', '무성', '무음' 부분에 커다란 '정신적 에너지'를 담는다.

사실 이는 프로가 지닌 화술의 요체 중 하나인데, 프로의 화술을 체득하기 위해 화자에게 절대적으로 요구되는 것이 있다.

'정신적 지구력'.

바로 이것이다.

청중 입장에서 보자면 '여운'이란 화자의 이야기가 끝난 후의 '무성' 부분이고, '간격'이란 말과 말 사이에 생겨나는 한순간의 '무언'에 불과하지만, 사실 거기에 정신적 에너지를 담으려면 장시간에 걸친 연설에서는 '정신적 지구력'이 지극히 크게 필요하다.

뒤집어 말하면, 이 '정신적 지구력'이 없다면 장시간에 걸친 연설에서 '여운'과 '간격'에 '무언의 메시지', '깊이 있는 메시지'를 담고자 해도 그럴 수가 없다.

내가 갖고 있는, 화자로서의 오랜 경험에 비춰봐도 분명 그렇다.

대단히 드물기는 하지만, 바쁜 스케줄 때문에 온종일 일에

쫓기다 육체적으로도 피로해지고 정신적 지구력이 떨어진 상태에서 어쩔 수 없이 야간 연설 같은 걸 해야 할 때가 있다.

그럴 때는 이야기의 '간격'에 에너지를 담을 수 없게 되고, 리듬감 나쁜 연설로 이어진다. 또한 에너지를 담을 지구력이 없는데도 이야기 안에 억지로 '간격'을 두면 글자 그대로 '질질 끄는' 이야기가 되고 만다.

이와 같이 말 한마디로 '말의 여운으로 깊이 있는 메시지를 전한다'라고는 해도 이를 실제로 행동에 옮기려면 먼저 '정신적 지구력'을 단련하는 데서부터 시작하는, '간격'과 '여운'에 에너지를 담는 수련이 필요하다.

그러한 의미에서, 조금 전에 예로 든 대처 전 총리는 현역에서 물러난 후였음에도 역시 정신적 에너지로 가득차 있었다.

토니 블레어의
마지막 '사과'

'말의 여운으로 깊이 있는 메시지를 전한다'라는 화술에서는 대처도 훌륭한 능력을 갖추고 있었으나, 마찬가지로 영국 총리를 지낸 토니 블레어가 퇴임 직전에 한 연설도 인상에 남아 있다.

블레어의 퇴임 연설은 그의 선거구에서 이루어졌다.

연설 마지막에, 그는 다음과 같이 말했다.

제 정책 가운데 성공한 게 있다면, 그건 여러분 덕택입니다.

제 정책 가운데 실패한 게 있다면, 저는 여러분에게 사과하고 싶습니다.

'사과하고 싶습니다'라는 마지막 말에, 만감이 담겨 있었다.

이라크 전쟁을 두고 영국 국민들은 갖가지 비판을 쏟아냈다.

그 비판들에 대해 블레어가 마지막 순간 입 밖에 낸 이 말은 '한 사람의 정치가'로서가 아닌 '한 사람의 인간'으로서의 성실함을 느끼게 해주었다.

제14화

영어 연설로 비판받은
수실로 밤방 유도요노
(인도네시아 대통령)

—'개성적인 스타일'로 인상에 남을 것

영어 연설이
금지되어 있는 나라

'지금 하고 있는 영어 연설, 자국 내에서 문제가 되지는 않을까…….'

문득 그런 생각이 들게 한 연설이 있다.

수실로 밤방 유도요노. 인도네시아 대통령.
그가 2011년도 다보스포럼에서 연설했을 때의 일이다.

그는 원어민 수준의 발음은 아니었어도 유창한 영어로 연설했다.
역시 미국의 대학에서 경영학 석사학위를 받은 사람다운 실력이었다.
중후함을 느끼게 하는 내용의 당당한 연설이었다.

그렇다면, 무엇이 문제였을까?
2009년에 제정된 법률에 따라, 인도네시아의 대통령과 부통령 및 그 외 공직자는 국내와 해외에서 공식 연설을 할 때 의무적으로 인도네시아어를 사용해야 하기 때문이다.

본디 이러한 법률이 제정된 배경에는 인도네시아가 약 300개의 민족과 580가지 이상의 언어가 공존하는 다민족 국가라는 사정이 존재하는데, 세계화의 시대에 이 법률의 내용을 듣고 고개를 갸웃거릴 독자도 많을 것이다.

'국가 리더'는
영어로 연설해야 하는가

그러나 사실 이 문제는 우리에게 본질적인 물음을 던진다.

국가 리더는 다보스포럼 같은 자리에서 영어로 연설해야 하는가, 모국어로 연설해야 하는가?

이 책을 집어든 독자들 중 다수는 '당연히 영어로 해야지'라고 생각할지도 모르겠다.

그러나 세계적 추세는 그렇게 흘러가고 있지 않다.

실제로 다보스포럼에서도 독일의 메르켈 총리는 독일어로, 프랑스의 사르코지 대통령은 프랑스어로, 러시아의 푸틴 총리는 러시아어로 연설한 바 있다.

당연한 말이지만 거기에는 '해당 국가 리더는 영어로 이야기할 수 있는가'와 같은 영어 능력의 문제 이전에, 외교적인 메시지 전략과 타국을 겨냥한 '포지셔닝' 전략이 존재한다.

일반적인 비즈니스맨이나 학자라면 '국제회의 같은 자리에서는 되도록 영어로 이야기해야 한다'는 사고방식이 자연스러우나, 국가 리더의 경우 '모국어로 이야기할 것인가, 영어로 이야기할 것인가'는 지극히 고도의 정치적 판단 문제가 된다.

우리는 먼저 그 점을 이해해야 할 것이다.

영어 연설의 '플러스와 마이너스'

그러나 이 책의 테마는 '화술'이다.

'화술'이라는 관점에서 이 문제에 대해 생각해보자.

사실 '화술'이라는 관점에서 봐도 '국가 리더가 영어로 연설할 것인가, 모국어로 연설할 것인가'는 상당히 어려운 문제다.

애당초 '영어로 말하는 게 거의 불가능한 국가 리더'일 경우 결론은 명확하다. 모국어로 이야기하고, 통역을 병행해야 할 것이다. 선택의 여지란 없다.

한편 '원어민 수준의 영어를 구사하며 아무 스트레스

없이 이야기할 수 있는 국가 리더'일 경우 '화술'이라는 관점에서만 보자면 영어로 연설하는 것이 하나의 유력한 선택지가 된다.

문제는, '원어민 수준의 영어는 아니지만 연설 원고를 소리 내어 읽는 정도로 말할 수 있는 국가 리더'일 경우다. 이런 경우를 이제부터 '비원어민'이라 부르겠다.

이 경우가 가장 고민스럽다.

왜냐하면, '영어로 연설하는 행위'의 장점과 단점이 길항하기 때문이다.

'영어로 연설하는 행위의 플러스'는 말할 필요도 없이 이제는 영어가 국제회의 같은 자리에서 '공용어'로 자리잡았다는 데 있다. 영어로 이야기하면 전 세계 사람에게 메시지가 전달될 가능성이 높다. 또한 통역을 씀으로써 발생할 미스 커뮤니케이션도 피할 수 있다.

그러나 한편으로 비원어민인 국가 리더에게는 '영어로 연설하는 행위의 마이너스'가 있다.

무엇일까?

'비언어적 메시지'의 강점이 사라진다.

이것이 최대의 마이너스로 작용한다.

'비언어적 메시지'를
최대화하기

단적으로 말하자.

비원어민인 국가 리더의 경우 익숙하지 않은 영어로 이야기하기보다 모국어로 이야기하는 편이 '비언어적 메시지'에 힘이 실린다. 그 결과 '신념'과 '각오', '인격', '인간성' 등 '인물' 전체가 생생히 전달되는 것이다.

왜냐하면 몇 번인가 적었듯 연설에서는 '언어' 이상으로 '자세', '표정', '시선', '몸짓', '동작', '목소리의 질', '리듬', '간격', '여운' 등을 통해 청중에게 전하는 메시지의 비중이, 사실 지극히 크기 때문이다.

그리고 비원어민 국가 리더가 영어로 연설할 경우에는 '영어로 이야기하는 일'에 정신적 에너지를 빼앗겨서, 무슨 수를 쓴다 해도 자세, 표정, 시선, 몸짓, 동작, 목소리의 질, 리듬, 간격, 여운 같은 '비언어적 메시지' 부분이 '부자연스러워지며' '약해지고' 마는 것이다.

따라서 마이너스를 고려한다면, 국가 리더가 연설을 할 때는 당당히 '모국어'로 하고, '비언어적 메시지'의 강점을 최대화하며, '신념'과 '각오', '인격', '인간성' 등을 청중의 인상에 남기는 전략도 지극히 유효하다.

그리고 다보스포럼에 모이는 글로벌 톱 리더들은 그야말로 국가 리더가 말하는 '언어적 메시지' 이상으로, 그 안쪽 깊숙한 데에 존재하는 '비언어적 메시지'를 민감하게 감지하며, 해당 국가 리더의 '인물'을 평가한다.

요컨대 이 플러스와 마이너스를 어떻게 고려해야 할까?

이는 영어로 이야기할 것인가 모국어로 이야기할 것인가에 관해 판단을 내릴 때, 중요한 지침 중 하나가 된다.

'글로벌 스타일'이라는 환상

그러면 영어로 연설할 경우 일본인은 국제적인 무대에서 어떠한 연설 스타일을 취해야 하는가?

이 또한 '세계화' 시대에서 지극히 중요한 물음이다.

다만 이 물음에 대해 '세계화 시대에는 글로벌한 연설 스타일이 요구된다'라고 대답하는 건 다소 성급한 판단이다.

애당초 '글로벌한 연설 스타일'이라 부를 만한 것이 있기는 한가?

이를테면 다보스포럼만 해도, 누구나 자기가 속한 국가 특유의 스타일로 연설한다.

서구의 리더가 말하는 방식과 아시아의 리더가 말하는 방식은 다르다. 나아가 아시아에서도 중국의 리더가 말하는 방식과 인도의 리더가 말하는 방식은 크게 다르다.

즉 '글로벌한 연설 스타일'이라는 것은 사실 존재하지 않는다. 굳이 말하자면 '서구식 연설 스타일'이라는 것은 어느 정도 존재한다. 그리고 서구에서 교육을 받은 아시아 사람들은 종종 이 '서구식 연설 스타일'이 '글로벌 스타일'이라고 믿는 경향이 있는데, 사실 그렇지는 않다.

게다가 '서구식'이라고는 했지만 '유럽'과 '미국'의 연설 스타일도 다르다. 같은 '유럽' 안에서도 독일과 이탈리아의 연설 스타일은 크게 다르다.

요컨대 전 세계 공통 스타일이라는 의미에서의 '글로벌한 연설 스타일' 같은 것은 실제로 존재하지 않는다는 것이다.

'글로비시 수준의 영어'가
갖는 의의

이는 '영어 능력'에 관해서도 마찬가지다.

요 몇 년 사이에 '글로비시Globish'라는 말이 쓰이고 있다.

'글로벌 잉글리시Global English'를 줄여 '글로비시'라고 부르는데, 확실히 다보스포럼에서도 이 '글로비시 수준의 영어'가 가끔씩 쓰인다. 너무 어려운 표현이나 어휘를 사용하지 않는, 일본식으로 말하자면 '중학교 영어' 수준의 표현과 어휘로 누구나 이해하기 쉽고 명확하게 스스로의 의견과 의지를 전달하는 스타일이다.

제16화에서 서술할, 다보스포럼의 중심 멤버이자 노벨평화상 수상자인 무함마드 유누스 같은 사람의 영어가 그 전형적인 사례인데, 이 '글로벌 잉글리시'란 절대로 '전 세계 누구든지 영국의 퀸스 잉글리시로 이야기해야 한다'라는 의미가 아니다. '국가마다 존재하는 독특한 발음과 억양, 악센트는 상관없다. 각 국가의 문화와 관습에 걸맞은 방식으로 이야기해도 관계없으나, 본인의 의견과 의지를 상대 또는 청중에게 이해하기 쉽고 명확하게 전달하는 스타일로 말해야 한다'라는 것을 의미한다.

실제로 동아시아와 인도, 중동, 남미 같은 곳에서 열리는 세계경제포럼 지역 회의에서는 이 글로비시 수준의 영어 사용이 한창이다. 중국인은 중국인답게 주장이 강한 스타일로, 인도인은 인도인답게 악센트와 억양이 센 영어로 이야기한다. 그걸로 족한 것이다.

'일본인 스타일'을 일관하라

'글로벌한 연설 스타일' 또한 방금 위에서 이야기한 '글로벌한 영어 능력'과 마찬가지다.

영어 능력에 '전 세계 누구든지 영국의 퀸스 잉글리시로 이야기해야 한다'라는 원칙이 존재할 리 없는 것처럼, 연설 스타일에도 '누구나 서구적인 스타일로 연설해야 한다'는 원칙이 존재하지 않는다.

만일 원칙이 있다고 한다면, 영어 능력의 경우 '본인의 의견과 의지를 상대 또는 청중에게 이해하기 쉽고 명확하게 전달하는 스타일로 말해야 한다'이며, 연설 스타일 또한 '본인의 의견과 의지를 이해하기 쉽고 명확하게, 그리고 인상적으로 청중에게 전달하는 스타일로 연설해야 한다'일 것이다.

뒤집어 말하면, 이 원칙만 지킨다면 연설 스타일은 어떻든 좋다.

중국인은 중국인 스타일로 말하면 된다.

인도인은 인도인 스타일로 말하면 된다.

그렇다면, 일본인은 일본인 스타일로 말하면 된다.

매뉴얼처럼 굳어지는 'TED 프레젠테이션'

이를테면 나도 영어 연설을 하며 그렇게 실천한 적이 있다.

제3화에서 언급한, 도쿄에서 열렸던 TED 행사인 2010년도 TEDxTokyo에 스피커speaker로 초청되었을 때의 일이다.

먼저 TED 콘퍼런스에 대해 간단히 짚어보자. TED 콘퍼런스는 1990년 미국 몬터레이에서 시작되었다. 그러던 것이 지금은 세계적인 콘퍼런스로 확장되었고, 매년 전 세계를 통틀어 800여 지역 행사가 개최되고 있다. 그중 핵심이라 할 수 있는 TED 콘퍼런스는 2009년부터 미국 롱비치에서, 그리고 2014년부터는 캐나다 밴쿠버에서 개최되는데, 나도 매년 초대를 받아 참가하고 있다.

이 TED 콘퍼런스에는 'Ideas worth spreading'이라는 표어

에 걸맞게 매년 전 세계에서 선발된 프레젠테이션 달인들이 모인다. 그리고 발상지가 미국인 까닭에 무대에 오르는 스피커들 중에는 당연히 미국인이 많고, 누구든지 유창한 원어민 영어로 인상적인 프레젠테이션을 한다.

그러나 몇 년 동안 TED 콘퍼런스에 참가해보니, 이들 미국인의 프레젠테이션이 하나같이 어떤 공통된 스타일을 답습하고 있는 것 같았다.

프레젠테이션마다 그 나름대로 화자의 개성의 차이는 있으나, 청중에게 말을 건네며 프레젠테이션을 시작하고, 이야기를 고조시키는 방식이나 마무리짓는 방식 등 어떤 공통된 스타일이 느껴진다. 그렇기 때문에 몇 년 동안 비슷한 스타일의 프레젠테이션을 계속 보고 듣고 하려니, 마치 매뉴얼을 따르듯 진행되는 공통된 방식에 조금 흥이 식는 것도 사실이다.

'시적 우화' 낭독

그와 같은 인상을 받던 차에, TEDxTokyo에 스피커로서 초대받았다.

그래서 나는, 기존의 TED 콘퍼런스에는 없던, 전혀 다른 '일본식 스타일'로 프레젠테이션을 하기로 했다.

바로 '시적 우화Poetic Fable를 낭독'하는 스타일이었다.

그러나 테마는 '눈에 보이지 않는 자본주의'다. 자본주의의 미래를 말한다, 라는 딱딱한 테마다.

이는 원래 전년도, 그러니까 2009년에 출간한 『눈에 보이지 않는 자본주의』라는 저서를 바탕으로 프레젠테이션을 해달라는 의뢰에서 시작된 것인데, 애당초 230쪽이나 되는 책의 핵심을 고작해야 12분 안에 말하라는 난제 중의 난제다. 처음에는 하지 않으려고 했었지만, '시적 우화'라는 형태로 핵심을 이야기한다는 아이디어를 떠올리고는, 그 스타일로 정했다.

이 시적 우화는 23세기를 사는 사람들이 21세기 초에 있었던 일을 회고하며 이야기한다는 설정으로 지었다

21세기 초, 글로바리아 왕국의 자포니아 마을에, 지에코知惠子와 겐지賢治 남매가 살고 있었다.

어느 날 아메리아 마을의 서브프리모라는 상인이 가짜 물건을 판매한 데서 글로바리아 왕국에 커다란 경제위기가 닥친다. 지에코와 겐지의 아버지가 하던 장사도 경제위기의 영향을 받고 파산한다.

그러자 지에코와 겐지는 어떻게 하면 좋을지 물으러 촌장에게 간다. 촌장은 "자본주의가 좀더 성숙해져야 한단다"라고 대

답한다.

남매는 "그럼 자본주의를 성숙하게 하려면 어떻게 해야 할까요?"라고 물었고, 촌장은 "나도 모르겠구나. 숲속의 성자에게 물어보러 가렴"이라고 말한다.

그래서 지에코와 겐지는 숲속의 성자를 만나러 간다……

위와 같은 줄거리로 시적 우화를 창작하고, TEDxTokyo에서 영어 프레젠테이션을 진행했다.

Once upon a time, there was a kingdom called Globaria. In this kingdom, there was a small village called Japonia. In this village, there lived a sister and a brother named Chieko and Kenji…

시적 우화를 들려주기 전에, "This is a Zen presentaion(이제 선禪 프레젠테이션을 시작합니다)"라고 말하고는 깊고 고요한 분위기로 낭독을 시작했다. 서구식 스타일과는 그야말로 완전히 다른 프레젠테이션이었으나, 예상과 달리 서구에서 온 참가자들 다수로부터 높은 평가를 받았다.

이 시적 우화 낭독 장면은 지금도 유튜브에서 'TED'와 'TASAKA' 키워드로 검색하면 볼 수 있으니, 관심 있는 분들은 봐주시길 바란다.

'개성적인 스타일'로
인상에 남긴다

내가 했던 프레젠테이션은 다소 대담한 스타일의 사례이기는 하나, 일본인이 '농담을 던져 웃음을 유도하고 시작'하는 것과 같은 서구식 프레젠테이션의 상투적 스타일에 집착할 필요는 없다. 참고로 이 TEDxTokyo 프레젠테이션을 할 때도, "저는 일본인이니 재미있는 걸 기대하지 말아주십시오"라며 시작했다(다만 이 메시지가 큰 웃음을 가져오고 말았다는 것 또한 사실이다……).

요컨대 일본인은 일본인 스타일로 연설하면 되는 일이나, 문제는 "그럼 일본인 스타일이란 무엇인가?"라는 점일 것이다.

다보스포럼이나 TED 콘퍼런스 같은 글로벌한 자리에 오랫동안 참가하며 느낀 것이 있다.

일본인의 문제는, '영어로 유창하게 말하지 못한다'는 점이나 '서구적 스타일로 연설하지 못한다'는 점에 있지 않다.

'일본인으로서의 연설 스타일', 나아가 '자기 나름대

로의 개성적인 연설 스타일'을 갖추지 못했다는 것이 문제다.

그리고 무엇보다도 절실한 것은 '들을 만한 인상적인 메시지'가 있어야 한다는 사실이다.

이는 물론 '영어 능력' 문제가 아니다.

아무리 '영어'로 유창하게 이야기한다 해도 '자기 나름대로의 개성적인 연설 스타일'을 갖추지 못했다면, 그리고 '들을 만한 인상적인 메시지'를 던질 수 없다면, 청중의 평가를 얻지 못한다.

당연하지 않을까?

청중이 일본인 화자에게 기대하는 지점은 '영어를 얼마나 잘하는가'가 아니다.

청중은 '연설이 얼마나 인상적이며 유익한가'를 기대한다.

제15화

청중의 눈부터 사로잡은

크리스틴 라가르드(IMF 총재)

—'여성'이라는 불리함을 유리함으로 전환하다

안쓰러운
'남성 등단자'

'여성은 정말 불리할까…….'

크리스틴 라가르드가 무대에 오를 때, 무심코 그렇게 느꼈다.

국제통화기금IMF 총재. 세계 금융을 리드하는, 그야말로 금융계의 톱 리더다.

IMF 총재가 되기 전에 프랑스 재무장관을 역임했다는 사실을 거론할 것도 없이, 프로로서의 실력은 그녀가 남성인지 여성인지에 관계없이 이미 세계 일류임을 누구나 인정한다.

라가르드가 다보스포럼에서 패널 토론에 등장하면 청중의 주목을 한몸에 받는다.

다른 남성 등단자登壇者들이 안쓰러울 정도다.

그러나 이는 당연한 일일지도 모른다.

라가르드는 키가 크고 호리호리한 미인이다. 10대 시절에는 싱크로나이즈드 스위밍 선수로도 활동했던 만큼 단상에서의 걸음걸이도 선들선들하다. 아름다운 백발에다 볕에 탄 얼굴로, 웃을 때 드러나는 하얀 치아가 그은 피부와 대조를 이루며 지극히 매력적인 분위기를 자아낸다. 패션 또한 프랑스 여성답게 개성적이고도 세련된 차림새다.

그 상태 그대로 모델로서 잡지 표지를 장식해도 전혀 이상하지 않을 여성이라는 사실을 고려한다면, 그리고 다보스포럼이 지금도 남성 등단자 중심인 포럼이라는 사실을 감안한다면, 단상에서 그녀가 눈에 띄는 것도 어떤 의미에서는 당연한 일이다.

지금도 세계는 도처에서 여성 멸시, 여성 차별이 넘쳐나고 있다. 다보스포럼에서도 '젠더 갭(남녀 격차)'이 중요한 테마로 다뤄지며 다양한 세션을 통해 논의된다. 일본만 놓고 보자면 세계경제포럼이 실시한 2013년도 조사에서 세계 136개국 중 105위에 머물러 있을 만큼 '여성의 사회 진출이 뒤처지는 국가'다.

여성에 대한 멸시와 차별이 엄연한 현실에서 라가르드를 보고 있노라면, 이렇듯 글로벌 톱 리더들이 모이는 자리에서의 은밀한 전략이 읽힌다.

여성임을 도리어 유리하게 전환한다.

바로 이 전략이다.

인생 최악의
'여성 차별'

2014년도 다보스포럼에서의 일이다. 국제 경제에 관한 세션이 열렸다.

라가르드를 비롯해 각국 중앙은행의 수장이 토론 무대에 올랐다. 토론 패널로는 일본은행 총재 구로다 하루히코, 유럽중앙은행 총재 마리오 드라기, 영국중앙은행 총재 마크 카니⋯⋯.

한자리에 나란히 앉은 각국의 금융 리더들을 상대로, 라가르드는 IMF 총재로서 당당히 논지를 펼쳤다.

그러나 그후 라가르드는 '젠더'에 관해 열린 세션에도 참가했다. 페이스북 COO 셰릴 샌드버그, 르노 CEO 카를로스 곤 등과 함께 토론했다.

하지만 이 세션에서 라가르드는 전혀 다른 표정을 보여주었다. 아니, 다른 인격이라고 해야 할 것이다.

다가서기 쉬운 분위기에다 매력적인 웃음을 보여준다.

이 세션에서는 행사장에 모인 사람들이 던지는 질문 하나하나에도 정중하고 성실하게 대답한다.

사회자가 흥미로운 질문을 던졌다.

"당신이 살아오면서 경험한 최악의 여성 차별은 무엇이었습니까?"

라가르드는 산뜻하게 웃으며 대답했다.

"모 법률사무소의 입사 면접을 볼 때였어요.
그 사무소 파트너에게 이런 말을 들었죠.
'당신은, 파트너는 될 수 없으니 기대하지 마시죠.'
그래서 '어째서죠?' 하고 물으니 그 사람이
깔보는 듯한 시선으로 이렇게 말하더군요.
'그야 당신은 여자니까요⋯⋯' 라고요."

행사장은 웃음소리로 뒤덮였다.

사회자는 같은 질문을 남자인 카를로스 곤에게도 던졌다. 위트 넘치는 농담과도 같은 질문이었다.

곤은 쓴웃음을 지으며 어깨를 으쓱했다.

세션은 부드러운 분위기 속에서 마무리되었다.

이 세션이 끝난 후 라가르드에게 인사를 하려고 단상에 올라갔다.

가까이에서 보니, 당시 그녀가 58세였으니 어찌 보면 당연한 일이다. 얼굴에 주름도 패여 있었고 결코 젊음을 뽐내는 듯한 미모는 아니었다.

그러나 여성으로서 더할 나위 없이 매력적이었다.

그것도 남성을 애교로 대하는 종류의 매력이 아니라, '자립한 여성', '자립한 인간'으로서의 매력이었다.

옆에 선 샌드버그 또한 대단히 여성적이면서 매력적인 분위기를 풍기고 있다. 그러나 왠지 남성에 대한 애교가 문득 느껴진다……. 그렇게 느끼는 사람이 나뿐만은 아닐지도 모른다.

그러나 라가르드에게는 애교 같은 것이 느껴지지 않는다.

미국과 프랑스의 '문화' 차이일까…….

아니면 라가르드와 샌드버그, 이 두 여성의 '개성'의 차이일까…….

'여성으로서의 매력'과 '인간으로서의 실력'

이렇듯 다보스포럼에서 라가르드를 볼 때마다 언제나 그녀의 모습에서 가르침을 얻은 바 있다.

앞으로 일본에서 활약할 여성 톱 리더들도 배웠으면 하고 바라는 것이기도 하다.

일본은 현재도 뿌리깊은 여성 차별이 존재하며, 선진국들 중에서 명확히 '뒤처졌다'라고 지적받는 남성 우위 사회다.

그러나 일본 사회에서 여성이 활약하기 위해 필요한 것은 그저 '여장부'가 되는 일이 아니다.

‘여성으로서의 매력’을 당당히 지니면서, 그러나 결코 남성에게 애교로 대하는 일 없이, ‘인간으로서의 실력’을 바탕으로 활약하는 한 사람의 여성.

크리스틴 라가르드.

이는 그녀가 살아가는 방식에서 배워야 할 부분이다.

그리고 그 삶의 방식 자체야말로 그녀가 구사하는 최고의 메시지 전략일 것이다.

라가르드를 다보스포럼의 단상에서 볼 때마다, 그러한 가르침을 얻는다.

여성이 **활약**하기 위해
필요한 것은
그저 **'여장부'**가 되는 일이 아니다.

'인간으로서의 실력'을 바탕으로
활약하는 한 사람의 **여성**.

제16화

소박한 영어로
설득력을 배가시킨
무함마드 유누스
―'풀뿌리 민중'을 짊어지고 말하다

방글라데시 억양이 보여준
'설득력'

'분명 소박한 영어인데, 어째서 이 정도의 설득력이 있는가……'

무함마드 유누스의 연설을 들으며 깨친 것이다.

2006년도 노벨평화상 수상자이자 그라민 은행 설립자, 무함마드 유누스.

방글라데시를 중심으로 가난한 사람들에게 소액 융자를 해주고 그들의 경제적 자립을 지원하는, '마이크로 크레디트'라 불리는 활동을 해왔다.

이 업적을 인정받아 노벨평화상을 수상한 그는 다보스포럼을 비롯해 전 세계 어디서든 '소셜 비즈니스'에 대해 이야기한다. 신념을 담아 뜨겁게 이야기한다.

그러나 그가 구사하는 영어는 결코 유창한 영어가 아니다.

유누스는 방글라데시 억양의 영어를 사용한다. 그리고 일본식으로 표현하자면 '중학교 영어' 수준의 표현과 어휘를 써서 말한다. 이는 그가 가난한 사람들을 상대로 활동하는 데서 몸에 밴, 그 나름의 이야기 스타일일 것이다. 가난한 사람들은 고등

교육을 받을 수 없다. 그렇기 때문에 유누스가 이야기하는 방식도 누구나 이해할 수 있는 표현과 어휘를 구사하는 것으로 자연스럽게 굳어졌을 것이다.

다행히 이렇듯 소박한 유누스의 영어 스타일은 현재 커다란 세계적 흐름이기도 하다.

제14화에서 언급했던 '글로비시', 즉 '글로벌 잉글리시'를 기억할 것이다. 기본적인 표현과 어휘만으로 이해하기 쉽고 정확하게 자신의 의견과 의지를 전달하는 영어 말이다. 이 글로비시 스타일이 지금 국제적인 회의 자리에서도 확대되는 추세에 있다.

다보스포럼 또한 동아시아, 인도, 중동, 남미 등과 같은 지역 회의에서는, 영어를 모국어로 하지 않는 개발도상국 참가자 다수가 '글로비시 수준의 영어'로 이야기한다.

그러면 유누스가 소박한 영어로 연설함에도 불구하고, 그의 연설에 설득력이 생겨나는 이유는 무엇일까?

궁극적으로는 다음과 같은 이유에서일 것이다.

'풀뿌리 민중의 목소리'를 전한다.

그것이, 유누스의 연설에 설득력을 가져다준다.

제1화에서 소개한, 2014년 다보스포럼의 '사회공헌philanthropy'에 관한 프라이빗 세션을 예로 들겠다.

세션 멤버는 전 영국 총리 토니 블레어, 빌&멀린다 게이츠 재단 회장 빌 게이츠, 버진 그룹 회장 리처드 브랜슨, 그리고 무함마드 유누스였다.

유누스를 제외한 세 사람은 모두 영어 원어민이다. 그리고 세 사람 모두 뛰어난 업적의 소유자인 동시에 훌륭한 화술을 지녔다.

그러나 네 사람이 저마다 근사한 메시지를 이야기했음에도, 강한 억양의 소박한 영어로 말하는 유누스의 이야기에 어째서인지 가장 강한 설득력을 느꼈다.

그 이유는 무엇이었을까?

그가 수없이 많은 '풀뿌리 민중의 목소리'를 전하고 있기 때문일 것이다.

다만 이는 연설에서 '풀뿌리 민중의 목소리를 소개한다'라는 식의 의미가 아니다. '풀뿌리 민중의 염원을 짊어지고 말한다'라는 의미다.

풀뿌리 민중의
'인생의 무게'

실제로 유누스는 풀뿌리 민중의 인생을 짊어지고 걸어왔다.

그가 지금까지 등에 이고 온 것은 그야말로 사회의 밑바닥에서 살아가는, 가난하고도 힘없는 사람들의 인생이었다.

그는 수십 년 동안 방글라데시의 가난한 사람들의 생활 속으로 들어가, 그들의 삶을 조금이라도 나아지게 하려는 활동을 계속해왔다.

한때 유누스는 장래가 보장되어 있던 학자였다.

미국 유학을 마치고 모국으로 돌아와 대학의 경제학부 학부장 자리도 올랐다.

그러나 대학에서 아무리 최첨단의 경제학을 가르친다 한들, 대학 바깥에 무수히 존재하는 가난한 사람들을 구제할 수는 없다.

그러한 사람들은, 고작해야 수십 달러에서 수백 달러를 융자해주는 일만으로도 빈곤의 밑바닥에서 벗어날 수 있다.

그럼에도 불구하고 은행은 번거롭다, 보증이 없다, 효율이 나쁘다, 같은 이유를 대며 융자를 해주지 않는다.

이 상황을 타파하기 위해 설립된 것이 소액융자은행인 그라민 은행이다.

그리고 '마이크로 크레디트'라 불리는 융자 활동을 새로이 시작했다.

이에 많은 사람이 모여들었고, 마이크로 크레디트는 전 세계로 퍼져나갔다.

만일 유누스의 연설에 설득력이 있다고 한다면, 그가 함께 걸어왔던 무수한 '풀뿌리 민중'의 인생이 연설의 배후에 있기 때문일 것이다. 그 사람들의 간절한 바람이 담겨 있기 때문일 것이다.

그러한 까닭에, 그의 연설에서는 가난한 사람들의 '인생의 무게'가 드러난다. 이는 그의 연설에서 '말의 무게'가 되어 나타난다.

'사람들의 바람'이 깃든
말의 힘

역사를 돌이켜보자면, '풀뿌리 민중의 바람'을 짊어진 까닭에 '말의 무게'와 '말의 힘'이 연설에 깃드는 리더로, 유누스가 유일하지는 않다.

예를 들면 마틴 루서 킹 주니어 목사가 있겠다.

역사에 남은 그의 연설, "I have a dream"이라는 말로 시작된 그 연설은 화술과 내용 모두 훌륭했지만, 역시 당시 공민권 운동에 참가했던 무수한 '풀뿌리 민중의 바람'을 등에 짊어지고 있었기 때문에 역사적인 명연설로 남을 수 있었을 것이다.

제게는 꿈이 있습니다.
언젠가 조지아의 붉은 언덕 위에서
한때 노예였던 이들의 아이들과
한때 노예주였던 이들의 아이들이
같은 식탁에 형제와 같이 앉을 수 있는 꿈입니다.

제게는 꿈이 있습니다.
언젠가 차별과 억압의 뜨거운 열기로 고통받는 미시시피조차 자유와 정의의 오아시스로 다시 태어나는 날이 오리라는 꿈입니다.

제게는 꿈이 있습니다.
언젠가 제 어린아이들 넷이
피부 색깔이 아니라 인격 자체로
평가받는 나라에 살 수 있게 되리라는 꿈입니다.

말의 격

역사에 남은 이 감동적인 연설에는, 무수히 많은 사람의 바람이 담겨 있다.

무엇을 '짊어지고' 말하는가

다시 유누스 이야기로 돌아와보자.

이와 같이 유누스의 연설과 발언에 설득력이 생겨나는 이유는, 명석한 논리나 정교한 레토릭 때문만이 아니다.

그의 연설과 발언에 힘을 실어주는 것은 그가 짊어지고 있는, 사람들의 인생이다.

극빈층에서 벗어나고 싶어 하는, 방글라데시 곳곳의 무수히 많은 사람의 바람을 그가 짊어지고 있기 때문일 것이다.

다보스포럼에서 패널 토론 등을 할 때 언제나 온화하며 부드러운 분위기를 자아내는 유누스가, 가끔씩 열기를 가득 띠고 입을 열기 시작할 때가 있다.

그럴 때면 '고작해야 수십 달러, 수백 달러를 빌려주는 일만으로, 한 가족이 빈곤에서 빠져나올 수 있다!'는 그의 마음이 느껴진다.

그와 같은 유누스의 모습에서, 한 사람의 리더로서 고개 숙여 배워야 할 점이 있다.

지금 세계는 '소셜 비즈니스' 시대, '사회기업가' 시대를 향해 나아가고 있다.

더 나은 사회를 실현하려는 목적을 이루기 위해 비즈니스 차원에서 새로운 사업을 가동하는 '소셜 비즈니스'.

만일 누군가가 '소셜 비즈니스' 실현을 목표로 '사회기업가'로서의 길을 걷는다면, 사람들 앞에서 무언가를 말할 때 반드시 자기 자신에게 던져야 할 물음이 있다.

나는 과연 무엇을 짊어지고 말하려는 것인가.
무엇을 짊어지고 말하고 있는가.

'짊어지고 있는 그 무엇'이 말에 힘을 부여한다고 했을 때, 이 물음은 '화술'을 진지하게 추구하려는 이가 마지막에 맞닥뜨릴 '궁극의 물음' 그 자체다.

유누스의 연설에서는
가난한 사람들의
'인생의 무게'가 드러난다.

이는 그의 연설에서
'말의 무게'가 되어 나타난다.

제17화

세계의 존경과 신뢰를
한몸에 받는
클라우스 슈와브(세계경제포럼 회장)
─'수직통합' 사고를 갖추다

행사장이 고요해지는 '한순간'

"Welcome!"(환영합니다!)

매년, 이 한마디로 다보스포럼의 막이 열린다.

다보스포럼 오프닝인 플리너리 세션 모두冒頭에, 세계경제포럼의 회장이기도 한 클라우스 슈와브 교수가 위엄 가득한 표정으로 '환영합니다!' 한마디를 던진다.

그 순간, 행사장에 모인 글로벌 톱 리더들은 단 한 사람도 빠짐없이 고요하게 이 개회 인사에 귀를 기울인다.

단순히 주최자가 하는 인사이기 때문이 아니라, 슈와브 회장에 대한 존경의 마음과 경의가 행사장을 지배하기 때문이라고 해야 할 것 같다.

실제로 다보스포럼에 참가하는 글로벌 톱 리더들은 행사장 로비와 복도에서 슈와브 회장과 만나면 누구나 먼저 악수를 청하며, 경의를 품고 인사를 건넨다.

슈와브 회장 또한 누구에게나 시간을 아끼지 않고 인사하고 악수하며 대화를 나눈다.

세계 각국의 대통령이나 총리와 성이 아닌 이름으로 서로를 부를 수 있는 관계를 맺고 있는 슈와브 회장이기는 하나, 지위

고하를 막론하고 한결같은 자세를 유지한다.

다보스포럼에 참가하는 YGL^{Young Global Leaders}의 젊은 멤버에게도 결코 시간을 아끼지 않는다.

아니, 오히려 이와 같은 젊은 사람들에게 더욱더 마음을 담아 정중히 대하는 것처럼 보인다.

그가 1971년부터 40여 년에 걸쳐 세계경제포럼을 지금과 같이 영향력 있는 조직으로 키울 수 있었던 이유의 하나로는, 누구에게나 감명을 주는 슈와브 회장의 성실한 자세를 꼽을 수 있을 것이다.

그리고 슈와브 회장의 성실한 자세가 그에 대한 다보스포럼 참가자들의 존경과 신뢰를 낳고, 위에서 언급했던 바와 같이 오프닝 행사장을 지배하는 분위기를 만든다.

'화술' 너머에 존재하는 '사고'

그러나 슈와브 회장이 대통령이나 총리와 같은 국가 리더, 그리고 글로벌 톱 리더들의 신뢰를 한몸에 받을 수 있었던 데는 또하나의 커다란 이유가 있다.

바로 슈와브 회장의 '화술'이다.

더욱 정확하게 표현하자면, '화술'보다는 '사고'라 불러야 할 것이다.

그것은 어떠한 '사고'일까?

'수직통합 사고'다.

즉 슈와브 회장은 사고를 할 때 '사상', '비전', '결의', '전략', '전술', '기술', '인간력人間力' 등과 같은 것들을 수직적으로 통합하는 사람이다.

선뜻 이해하기 어려운 독자들이 있을지도 모르겠다.

조금 더 알기 쉽게 설명하자면,

우리는 어떤 일에 대해 사고할 때, 의식적으로, 무의식적으로 '어느 차원에서 생각할까'를 선택한다.

이를테면 어떤 사업가가 '새로운 사업 개발 및 새로운 시장 창조'를 생각한다고 가정하자. 그때 다음과 같은 여러 차원에서의 사고가 생겨난다.

① '사상' 차원의 사고

세상에 존재하는 것들은 모두 진화한다. 그렇다면 '시장'도 진화할 것이다. 앞으로 '시장'은 어떻게 진화할 것인가? 특히 인터넷 혁명은 '시장'의 진화에 어떠한 영향을 줄 것인가?

② '비전' 차원의 사고

인터넷 혁명의 본질은 '정보 주권의 혁명'에 있다. 따라서 앞으로 시장에서의 정보 주도권은, 생산자와 기업에서 소비자와 고객 쪽으로 옮겨 간다. 그러므로 지금까지의 '기업 중심 시장' 또한 '고객 중심 시장'이라 불리는 방향으로 진화할 것이다.

③ '결의' 차원의 사고

만일 그렇다면, 우리 회사는 다가오는 시대에 이 인터넷 혁명을 순풍으로 삼아 소비자와 고객의 니즈에 포괄적으로 대응하는 '고객 중심 시장'에 맞추어 진화할 수 있도록 박차를 가해야 한다. 이는 우리 회사의 의지이자 사명이다.

④ '전략' 차원의 사고

지금까지의 '기업 중심 시장'에서 생산자와 기업은 자사의 상품과 서비스를 개별적으로 판매해왔으나, 향후 '고객 중심 시장'에서는 소비자와 고객의 니즈에 포괄적으로 대응하는 '패키지 상품' 및 '종합 서비스'가 필요할 것이다. 따라서 우리 회사는 이 '패키지 상품' 및 '종합 서비스'를 개발하여 시장에 제공할 전략을 찾도록 한다.

⑤ '전술' 차원의 사고

'패키지 상품' 및 '종합 서비스'를 개발하기 위한 방법 중 하나는 '타 업종과 연합'을 형성하는 것이다. 따라서 우리 회사가 중심이 되어 타 업종과의 연합을 형성하고 힘을 합해 새로운 상품과 서비스를 만들어내도록 한다. 이 타 업종과의 연합에는 A사, B사, C사같이 타 업종 회사 열 곳을 결집하도록 한다.

⑥ '기술' 차원의 사고

타 업종 회사 열 곳을 결집하려면 각각의 회사를 설득해야 한다. 그러기 위해서는 먼저 매력적인 기획서를 만들어야 하는데, 이 기획서 작성 노하우가 중요하다. 그리고 각 회사의 담당 임원을 설득하려면 영업 교섭 스킬도 중요하다.

⑦ '인간력' 차원의 사고

타 업종과의 연합을 형성하기 위해서는 우선 A사의 전면적인 협력이 필요하다. 그럴 수 있으려면 A사의 H이사를 설득해야 한다. H이사와는 오랫동안 좋은 관계를 쌓아왔지만, 이 제안을 할 때는 그저 매력적인 기획서를 제시하는 데서 그칠 것이 아니라, 무엇보다 H이사와의 신뢰 관계를 우선순위에 두고 임하도록 한다.

'사고의 차원'을 넘나드는
왕복운동

이와 같이 사고에는 여러 차원에서의 사고가 존재하며, 우리는 매사에 의식적으로, 무의식적으로 이들 '사고의 차원'을 선택하여 생각한다.

'수직통합 사고'란 이들 다양한 사고의 차원을 수직적으로 통합하여 생각하는 사고 스타일을 가리키며, 상위 사고와 하위 사고 사이에서의 '왕복운동'을 중시하고, 사고할 때 '상향과정'과 '하향과정'이라 불리는 것을 의식적으로 행하는 사고다.

예를 들면 '비전'을 생각할 때, 단순히 '비전' 차원에서 사고를 멈추지 않고 그 '비전'을 실현하기 위해 어떤 '전략'이 필요할지, 나아가 그 '전략'을 실현하기 위해 어떤 '전술'을 구사해야 하는지를 하나씩 생각하는 것이 '하향과정' 사고다.

이와는 반대로, 어떤 '전략'과 '전술'을 생각할 때 '이 전략으로 과연 당초 비전을 실현할 수 있는가', '이 전략이라면 기본 전략 일탈 가능성도 있지는 않은가' 등에 관해 생각하고, 더욱 상위의 관점에 서서 하위의 사고를 체크하는 것이 '상향과정' 사고다.

슈와브 회장의
'수직통합' 사고

요컨대 슈와브 회장의 '화술'의 요체는, 바로 그 '화술'의 배후에 있는 '수직통합 사고'에 있다.

슈와브 회장과는 과거 몇 년 동안 '변증법적 세계관', '복잡계로서의 세계', '인터넷 혁명의 본질', '새로운 자본주의의 비전', '세계경제포럼의 진화 전략', '일본에서의 다보스 커뮤니티 활동', '다보스포럼에서의 세션 기획' 등과 같이 다양한 차원에서 대화와 논의를 해왔으나, 슈와브 회장의 사고가 훌륭한 까닭은 '순간적으로 수직통합 사고'를 하는 데에 있다.

예를 들어 그와 앞으로의 비전에 대한 이야기를 하면, 강한 결의와 깊은 사상이 그의 내면에 자리하고 있음을 깨닫는다. 그리고 비전에 대한 이야기를 하는 중에도, 그는 동시에 그 비전을 실현하기 위한 전략을 생각한다. 또한 전략에 대한 이야기를 하다보면, 구체적인 전술이나 계획에 대한 아이디어가 차례로 나온다. 한 걸음 더 나아가, 구체적인 행동 계획을 정한 다음날에는 곧장 관계자들을 움직이게 하여 실행에 옮긴다. 그러면서도 관계자들의 입장과 사정을 꼼꼼히 배려하며 행동한다. 그리고 행동할 때는, 처음 만나더라도 누구나 인격과 인간성에 매료

되는 슈와브 회장의 인간력이 커다란 순풍 역할을 한다.

이처럼 슈와브 회장이 지닌 근사하고 훌륭한 '화술'의 역량은, 사상과 비전, 결의, 전략, 전술, 기술, 인간력 등과 같은 다양한 '사고의 차원' 사이를 순식간에 오가면서 사고에 깊이를 더하고 언어를 고르는 역량이다.

그리고 사실 이러한 '수직통합 사고'는 뛰어난 국가 리더와 정치가, 경영자라면 의식적으로든 무의식적으로든 반드시 체득하고 있는 것이기도 하다.

다만 거기에는 역시 개인차가 존재한다.

당장 눈앞의 수익을 높이는 경영 기술은 탁월하지만 기업의 비전에 대해 생각하지 못하는 경영자도 있다.

이와는 반대로, 기업 비전과 전략을 논하는 실력이 발군이라는 점 때문에 사장이 되었지만, 실제로 경영을 할라치면 현장에서 악전고투하는 사원들의 마음을 사로잡지 못해 그들의 마음을 회사에서 떠나게 만드는 경영자도 있다.

또한 국가 리더 입장에서 국내 정치에서의 권력 장악에는 빼어난 기량을 가졌어도, 국가의 백년대계는 논하지 못하는 정치가도 있다.

이와는 반대로, 국가 비전과 정책론은 매력적으로 논하지만 높은 자리에 올라 실제로 관료 기구를 이끌어가는 입장이 되면,

조직 운영과 인간 심리에 대한 이해가 부족하여 관료 기구를 제대로 굴러가게 하지 못하는 정치가도 있다.

현실을 '변혁'하는 사고 스타일

다만 다보스포럼에 모일 정도의 위치에 오른 글로벌 톱 리더들은 역시 이와 같은 '수직통합 사고'의 중요함을 이해하고는 있다.

왜냐하면, 그 힘이 없다면 현실을 '변혁하는 일'이 불가능하기 때문이다.

그저 '사상'과 '비전', '결의'를 논하기만 해서야 현실을 변혁할 수 없다. 탁월한 '전략'과 '전술'을 사고할 수 있으며 또 이를 실행할 '기술'을 지니고 있어야, 도무지 꿈쩍할 줄 모르는 현실을 변혁하는 일에 도전할 수 있다. 그러나 '전략'과 '전술', '기술'만으로는, 역시 부족하다.

마지막으로, 눈앞에 있는 한 사람의 공감을 얻을 수 있는가, 신뢰를 얻을 수 있는가의 문제가 남는다. 그때 요구되는 것은 역시 인간에 대한 이해와 마음가짐, 마음의 자세라 불리는 것들이며, 예로부터 '인간력'이라 불렸던 역량이다.

정치 및 경제적 현실을 변혁하는 게 본업인 고위 공무원과 정치가, 경영자, 기업가 들은 물론이고, 행정기구의 장, 대학 학장, 연구소 소장, NPO 대표 등 다보스포럼에 모여드는 전 세계의 리더들은 모두 '눈앞의 현실을 변혁하는 일'에 책임이 있는 이들이다.

그렇기 때문에 그들이 '리더'라 불리는 것이며, 그들이 세계경제포럼에 모이는 것도 본래 각자의 책임 안에서 세계의 현실을, 각국의 현실을, 각 조직이 마주한 현실을 변혁하기 위해서다.

세계경제포럼이 'Committed to improving the state of the world'를 이념으로 내걸고 있는 것은 그저 '아름다운 이념'을 논하기 위해서가 아니다.

'화술'에
힘이 깃들 때

한번 더, 말하고자 한다.

리더에게 '수직통합 사고'가 필요한 이유는, 그 힘이 없다면 현실을 '변혁'할 수 없기 때문이다.

그러므로 다보스포럼에 모이는 글로벌 톱 리더들은 상대를 볼 때 그 사람의 '사고의 깊이', 즉 그 사람이 '수직통합 사고'를 하는지 여부를 민감하게 감지한다. 그리고 상대에게 '사고의 깊이'가 결여되어 있을 때는 그가 하는 말에서 모종의 '가벼움'을 알아챈다.

어느 한 사람의 '화술'에 힘이 깃드는 이유는 무엇일까?

그 이유 중 하나로, '화술' 너머에 존재하는 '사고'가 중층적이면서 수직통합적이기 때문임을 들 수 있겠다.

그와 같은 '사고의 깊이'가 '말의 무게'를 낳는다.

슈와브 회장의 발언에 '말의 무게'가 있는 이유는, 무엇보다도 그 배후에 수직통합된 '사고의 깊이'가 존재하기 때문이다.

"Welcome!"

매년 1월에 열리는 다보스포럼에서 슈와브 회장이 던지는 이 말을 들으면, 40년을 뛰어넘는 세월과 함께 쌓이고 쌓였을, 그의 '사고의 깊이'에 마음이 아득해진다.

제18화

'화술'의 8할은
'언어를 초월한 메시지'

─그날그날의 업무에서 활용 가능한 '15가지 화술'

톱 리더 15명의
'화술'

이번 화는 이 책의 마지막 챕터다.

글로벌 톱 리더들을 다시 떠올려보자.

각각의 인물이 다보스포럼이나 TED 콘퍼런스에 등장했을 당시의 직함을 썼다.

빌 게이츠(빌&멀린다 게이츠 재단 회장)

토니 블레어(전 영국 총리)

니콜라 사르코지(프랑스 대통령)

드미트리 메드베데프(러시아 대통령)

데이비드 캐머런(영국 총리)

블라디미르 푸틴(러시아 총리)

원자바오(중국 총리)

빌 클린턴(전 미국 대통령)

앨 고어(전 미국 부통령)

고든 브라운(영국 총리)

마거릿 대처(전 영국 총리)

수실로 밤방 유도요노(인도네시아 대통령)

크리스틴 라가르드(IMF 총재)

무함마드 유누스(노벨평화상 수상자·그라민 은행 설립자)
클라우스 슈와브(세계경제포럼 회장)

지금까지 글로벌 톱 리더 15명의 '화술'에 대하여 논해보았다.
이 책을 통해 독자들은 무엇을 얻었을까?

한 가지 이해해주었으면 하는 게 있다.

'화술'의 8할은 '언어를 초월한 메시지'다.

독자들이 무엇보다도 이 점을 이해해주었으면 한다.
왜냐하면 제2화에서 말했듯 연설과 토론에서는 '자세', '표정', '시선', '몸짓', '동작', '목소리의 질', '리듬', '간격', '여운' 등 '언어를 초월한 메시지'에 의해 전달되는 것이 상당한 비중을 차지하기 때문이다.

'언어적 메시지'로 전달되는 것은 '1할 이하(7%)'라 보고한 심리학 연구도 있는데, 나의 경험에 따르자면 프로의 연설과 토론 등에서는 '언어' 비중이 조금 더 커서, '언어에 의한 메시지'로 전달되는 것이 '2할', '언어를 초월한 메시지'로 전달되는 것이 '8할'인 것 같다.

그러한 까닭에, '화술'에서는 '언어에 의한 메시지로 무엇을 전할 것인가'도 중요하나, 그 이상으로 '언어를 초월한 메시지로 무엇을 전할 것인가'가 더욱 중요해진다.

최고의 연설을 떠받치는 '15가지 화술'

애당초 이 책의 목적이 화술의 '기본'이나 '응용' 차원의 스킬을 전하는 것이었다면, 연설을 할 때,

이해하기 쉬운 논지는 어떻게 구성하는가?
설득력 있는 사례를 인용하는 법은 무엇인가?
인상 깊은 레토릭을 쓰려면 어떻게 해야 하는가?

이처럼 '언어에 의한 메시지'에 대한 조언을 해야 할 것이다.

그렇다면 글로벌 톱 리더들이 다보스포럼이라는 '최고의 무대'에서 연설을 할 때, 어떤 '화술'을 구사하는지 알리는 것이야말로 이 책의 목적에 맞는 일일 것이다.

그리고 요점을 한마디로 정리해본다면,

최고의 화술이란 '언어를 초월한 메시지'를 가장 효과
적으로 전하는 화술이다.

그와 같은 화술은 어떠한 것일까?
이 책에서는 다음 '15가지 화술'로 정리했다.

첫번째 화술: 이야기하는 테마에 맞추어 '인격'을 선택하다
두번째 화술: 청중의 '무언의 목소리'에 귀를 기울이다
세번째 화술: '담력'으로 청중을 압도하다
네번째 화술: '포지셔닝'을 정확히 할 것
다섯번째 화술: '청중과의 대화'로 승부하다
여섯번째 화술: '일거수일투족'을 메시지로 삼을 것
일곱번째 화술: '역사'와 '사상'을 당당히 말하다
여덟번째 화술: '자연스러움'이라는 궁극의 스타일로 말하다
아홉번째 화술: '냉정한 시선'을 정열 깊숙이 지니고 말하다
열번째 화술: '묵직하게 울려퍼지는 목소리'를 무기로 삼다
열한번째 화술: '여운'을 통해 소리 없는 언어를 발하다
열두번째 화술: '개성적인 스타일'로 인상에 남길 것
열세번째 화술: '여성'이라는 불리함을 유리함으로 전환하다

열네번째 화술: '풀뿌리 민중'을 짊어지고 말하다

열다섯번째 화술: '수직통합' 사고를 갖추다

이것이, 글로벌 톱 리더 2500명이 격전을 벌이는 다보스포럼에서 각국의 국가 리더들이 의식적·무의식적으로 구사하는 '최고의 화술'이다.

그날그날의 업무에서 도움이 될 '15가지 화술'

이 지점에서 독자들이 다시 한번 '15가지 화술'을 하나씩 되짚어보았으면 한다.

구체적으로는, 지난 1년 동안 독자 여러분이 했을 연설이나 토론 경험, 화자로서의 경험을 돌이켜보면서 이 '15가지 화술'의 의미를 생각해보았으면 한다.

사실 이들 화술은 글로벌 톱 리더들이 구사하는 '최고의 화술'이기는 하나, 여기서 '언어를 초월한 메시지'의 중요함을 배울 수 있다면 넓게는 사회생활을 할 때, 좁게는 회사에서 반드시 도움이 될 것이다.

그러므로 이들 '15가지 화술'에서 무언가 하나라도 괜찮은,

'언어를 초월한 메시지'를 전하는 기술을 머릿속에 잘 담아두었다가, 내일의 업무 현장에서 의식하여 써보길 바란다.

신기할 정도로, 어제까지 스스로가 구사하던 화술에 비해 무언가 달라졌음을 깨달을 것이다. 어딘가 나아졌음을 느낄 수 있을 것이다.

왜냐하면, 화술이란 한 가지 포인트를 개선하기만 해도 인상이 크게 달라지기 때문이다.

말할 때의 자세를 교정하기만 해도 인상이 달라진다.

말할 때의 시선 처리 방식을 정리하기만 해도, 분위기가 달라진다.

말할 때의 간격을 의식하기만 해도, 상대의 마음에 더 쉽게 전달된다.

그러한 사실들을 깨달았다면, 이제 그날그날의 업무에서 수련을 거듭하는 일이 기다리고 있다. 머지않아 화술을 익히고 연마하는 일에 더없는 기쁨을 느끼기 시작할 것이다.

이 책의 목적은 독자 여러분이 그와 같은 감각을 손에 넣는 데 있다.

최고의 화술이란
'언어를 초월한 메시지'를
가장 효과적으로
전하는 **화술**이다.

지은이의 말

이 책의 테마는 '화술'이다.

전 세계의 톱 리더 2500명이 격전을 벌이는 다보스포럼에서,
각국의 국가 리더가 구사하는 '최고의 화술'에 대해 논해보았다.

매년 1월, 다보스포럼에 출석하는 톱 리더들의 연설과 발언
을, 듣는다.

'화술'의 정교함과 훌륭함에 감탄할 때도 있으나,

부족함을 느낄 때도 있고 낙담할 때도 있다.

돌이켜보면 나 자신도 벌써 33년 동안이나

한 사람의 프로로서 '화술'의 세계를 걸어왔다.

'화술'에 관한 책의 원고를 마무리하는 지금, 이런 생각이 마

음에 남는다.

'화술'의 세계는 '심오한 세계'다.
누구나 그 '길'을 걷기 시작할 수는 있다.
그리고 그 '길'을 즐길 수도 있다.
그러나 일단 그 '길'을 본격적으로 추구하려는 순간,
그 '길'의 심오함을 깨닫는다.
그리고 그 '길'이 '끝 간 데 없는 길'이라는 사실을 알게
된다.

그러면 왜 이 '길'이 '끝 간 데 없는 길'일까?

'화술을 연마한다'는 건 궁극적으로
'인간을 연마한다'는 것이기 때문이다.

이 책에서 이야기했던 '15가지 화술'을 다시 한번 더 읽어보
길 바란다.

이 '15가지 화술' 중 어느 것이든, 깊이 추구하고자 한
다면
'어떠한 스타일로 청중에게 이야기할 것인가' 등과 같

은 '기술'의 영역을 뛰어넘어
  '어떠한 인간으로서 청중에게 이야기할 것인가'라는
'인간력'의 영역에 발을 내딛게 될 것이다.
  이를테면,

  '청중의 무언의 목소리에 귀를 기울이는 것'
  '담력으로 청중을 압도하는 것'
  '일거수일투족을 메시지로 삼는 것'
  '자연스러움이라는 궁극의 스타일로 말하는 것'
  '냉정한 시선을 지니고 말하는 것'

  이중 어느 하나도,

  '스스로의 모습을 객관적으로 보는 것'
  '스스로의 마음을 깊숙이 들여다보는 것'
  '마음속 자의식의 움직임을 감지하는 것'

  등과 같이 자기 자신의 내면을 유심히 바라보고 성찰
하는 수행 없이
  그 길의 깊숙한 데까지 발을 들일 수는 없다.
  바꾸어 말한다면

마음을, 그리고 인간을 갈고닦으며 인간력을 고양하는 '끝 간 데 없는 길'이기도 하다.

나 또한, 그 '길'을 걷는 사람 중 한 명이다.

그 '길'을 걷던 도중에 어떤 목소리를 듣게 되어 이 책을 썼다.

집필을 마치고 펜을 내려놓은 뒤 문득 고개를 들어 올려다보니 높이 우뚝 솟은 산 정상이, 저멀리 아득한 곳에 있다.

그 산의 정상으로 이어지는 길이, 눈앞에 있다.

감사의 말

도요게이자이신포샤東洋經濟新報社의 편집자 기요스에 신지淸末眞司에게 감사드린다. 기요스에 씨와 만들었던 '화술'에 관한 책으로는 『경영자가 전달해야 할 '언령言靈'이란 무엇인가』가 있다.

이 책의 속도감 있는 문체는 어떤 의미에서는 1997년에 냈던 첫 책으로 회귀하는 것이나, 역시 모든 건 '나선적螺旋的 관계'에 있다. 17년의 세월을 거친, 첫 책의 문체와의 차이를 독자가 느낄 수 있다면 좋겠다.

또한 업무 파트너인 후지사와 구미藤澤久美에게 감사드린다.

매년 YGL 자격으로 다보스포럼과 지역 회의에 출석하는 후

지사와로부터 원고에 대한 적확한 코멘트를 받았다.

그리고 언제나 따뜻하게 집필을 지켜봐주는 가족
스미코須美子, 세이야誓野, 유友에게 감사한다.

올해 2월에는 후지 산에 관측 이래 최초의 대설이 내렸다.
잔설殘雪을 바라보며 집필을 했다.

마지막으로, 타계한 아버지와 어머니에게 이 책을 바친다.

'언어'를 중요하게 다루는 일은 곧
'언어를 초월하는 것'을 중요하게 다루는 것.

나는 그걸 부모님으로부터 배웠다.

'화술'에 대해 오랫동안 수행을 계속해왔고,
'화자'로서 수많은 분들 앞에 서 있는 지금,
내게는 그 가르침이 소중한 양식이다.

2014년 3월 15일

다사카 히로시

옮긴이의 말

고백하자면, 나는 사람들 앞에서 말하는 일이 참 싫다. 애당초 남들 앞에 나서는 행위 자체를 꺼릴 뿐더러 말을 잘하는 축에 속하는 사람도 못 된다. 잘하고 못하고를 떠나 차라리 눌변에 가깝다고 해야 할 것 같다. 되도록 정확하게 전달해야 한다는 욕심에 단어나 표현을 고르다가 말의 흐름 자체를 해치는 경우도 더러 있다. 그렇다고 목소리나 발성이 썩 좋은 편도 아니다보니 그 자리가 어떤 자리이든 간에, 뭔가 말을 해야 하는 상황이 무척 고역이다.

이 사소한 고백을 먼저 하는 이유는, 나와 비슷한 이들이 생각보다 많을 것 같아서다. 더군다나 이러한 기질(적절한 단어가 떠오르지는 않으나, 일단은 기질이라고 해두자)은 일상에서 큰 불편함을 주지는 않지만 문제는 사회생활, 특히 직장 내에서 발생하지 않던가. 며칠 밤을 새워가며 보고서를 꾸렸고, 방향과 내용도 잘 나왔는데, 정작 발표 자리에서 버벅거리는 바람에 보고서까지 못 미더운 수준으로 하향 평가당하는 상황. 또는 머릿속에 있는 걸 입 밖으로 꺼내는 과정에서 본의 아니게 횡설수설하다 끝나버리는 허탈한 회의 자리. 전달하고자 했던 걸 제대로 말하지 못했다는 괴로움으로 점철되는 순간들.

그래서일 거다. 직장생활을 하면 할수록, '말 잘하는 사람'이 부러워지는 건. 단순히 언변이 뛰어난 사람을 가리키려는 게 아니다. (물론 그 또한 매우 부럽다.) 같은 내용의 말을 해도 훨씬 더 효과적으로 듣는 사람들에게 가닿게 만드는 힘이 있는 사람 말이다. 하여 나와 내 동료들이 그간 해왔던 노력과 업무가 빛바랠 일 없이 평가받을 수 있게 하는 '말의 힘'을 지닌 그런 사람.

'말의 힘'을 낳는, 또는 그 '말'에 '힘'을 부여하는 건 과연 무엇일까. 몇 가지 요소들을 꼽아보자면 군더더기 없는 표현력, 말의 리듬감, 목소리나 발성, 자신감 있는 태도에다 여유로운 제스처 등등이 먼저 떠오른다. 이 밖에도 이른바 '화술'이라는 것을 구성하는 요소들은 더 존재하고, 이러한 요소들을 갖추지 못한다면 '능력 있는 화자'는 될 수 없으리라는 자괴감이나 두려움을, 개인차는 있겠으나 다들 얼마간은 품고 있을 것이다.

하지만 '말의 힘'은 이와 같은 기술의 영역에서 생겨나지 않는다는 것이 이 책의 저자 다사카 히로시가 전하고자 하는 가장 큰 메시지인 것 같다. 기술 자체가 필요 없다거나 무의미하다는 뜻은 아니다. 좋은 화자가 되기 위해서는 연습을 통해 꾸준히 갈고닦아야 할 기술적인 요소들이 분명 있다. 그러나 진정으로 좋은 화자에 대해 어떤 단일한 이미지로 정의할 수는 없을 것이다. 보다 중요한 것은 말하고자 하는 자기 자신이 어떠한 스타일을 지녔는지부터 먼저 아는 것이고, 그리하여 장점은 더욱 부각되도록, 부족한 점은 보완할 수 있도록 함으로써 자신만의 '말의 힘'을 깨치는 데 있다. 여기에다 나서야 할 자리의 성격을 파악하여 자신의 '말의 힘'을 응용해 구사할 수 있다면 금상첨화이겠다.

이 책은 그렇듯 자신만의 '말의 힘'을 지닌 세계적 톱 리더들이, 역시 너 나 할 것 없이 쟁쟁한 이들만이 모여드는 격전지인 다보스포럼에서 어떠한 방식으로 톱클래스 청중을 사로잡았는지를 인물별로 정리하여 보여준다. 그들이 그저 톱 리더여서 사람들이 예의상 들어주고 호응해주는 것이 아니라, 저마다의 '말의 힘'을 통해 듣고 호응하기에 충분한 무언가를 보여주었기 때문에 인정받았음을 구체적으로 제시한다. (이는 실패 사례로 언급된 몇몇 인물들에 대한 이야기들과 대조를 이뤄 더욱 뚜렷하게 드러난다.) '말의 힘'이라는 영역은 톱 리더들도 결코 비켜갈 수 없다.

나아가 그들이 다보스포럼에 모인 각 분야의 톱클래스 청중을 매료시킬 수 있었던 가장 큰 이유는, '말의 힘'을 통해 각자가 말하고자 하는 내용을 정확히 전달하는 것 이상으로 자신들이 어떠한 '인간'인지를 함께 드러냄으로써 더욱 호소력 있게 다가갔다는 데 있다. 더 높은 자리에 오를수록, 해당 인물에게 더욱 엄정히 요구되는 자질들까지 두루 평가받는 자리가 바로 다보스포럼이기 때문일 것이다.

물론 우리 모두는 세계적인 톱 리더가 아니다. 또한 우리 모두가 그렇듯 세계적인 톱 리더가 될 수도 없고, 되어야 할 이유도 없다. 그러나 우리는 우리만의 격전지인 회사에서, 매일매일 고군분투하고 있지 않은가. 더 나은 보고서, 더 괜찮은 기획안을 만들기 위해 애쓰고, 연일 치열한 회의를 치러내면서. 그런 의미에서 이 책은 우리의 노력을 보다 더 반짝이게 해줄 수 있는 유의미한 조언이 되어줄 수 있으리라고 생각한다.

2017년 3월
신정원

말의 격

다보스포럼을 통해 본 글로벌 톱 리더들의 말하기

초판 인쇄	2017년 3월 27일
초판 발행	2017년 4월 7일

지은이	다사카 히로시
옮긴이	신정원
펴낸이	염현숙
편집인	신정민

책임편집	신정민
디자인	이효진
모니터링	이희연
마케팅	방미연 최향모 오혜림
홍보	김희숙 김상만 이천희
제작	강신은 김동욱 임현식
제작처	상지사

펴낸곳	(주)문학동네
출판등록	1993년 10월 22일 제406-2003-000045호
임프린트	**아템포**

주소	10881 경기도 파주시 회동길 210
문의전화	031-955-3583(편집) 031-955-1935(마케팅)
팩스	031-955-8855
전자우편	paper@munhak.com

ISBN	978-89-546-4505-8 03320

• 아템포는 문학동네 출판그룹의 임프린트입니다. 이 책의 판권은 지은이와 아템포에 있습니다.
• 이 책 내용의 전부 또는 일부를 재사용하려면 반드시 양측의 서면동의를 받아야 합니다.
• 이 도서의 국립중앙도서관 출판시도서목록(CIP)은 서지정보유통지원시스템
  홈페이지(http://seoji.nl.go.kr)와 국가자료공동목록시스템(http://www.nl.go.kr/kolisnet)에서
  이용하실 수 있습니다.(CIP제어번호: CIP2017007410)

www.munhak.com